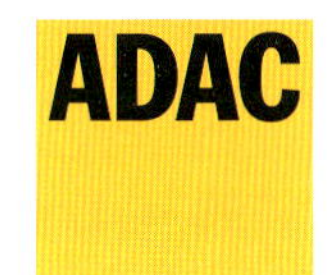

Sizilien

von Nicoletta De Rossi

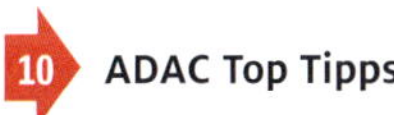

Das müssen Sie gesehen haben! Die zehn Top Tipps bringen Sie zu den absoluten Highlights.

ADAC Empfehlungen

Unterwegs gut beraten: Diese 25 ausgesuchten Empfehlungen machen Ihren Urlaub perfekt.

Preise für ein DZ mit Frühstück:
€ | bis 150 €
€€ | bis 200 €
€€€ | ab 200 €

Preise für ein Hauptgericht:
€ | bis 20 €
€€ | bis 30 €
€€€ | ab 30 €

Intro

ADAC Quickfinder

Hier finden Sie die Orte, Sehenswürdigkeiten und Attraktionen, die perfekt zu Ihnen passen.

Unterwegs

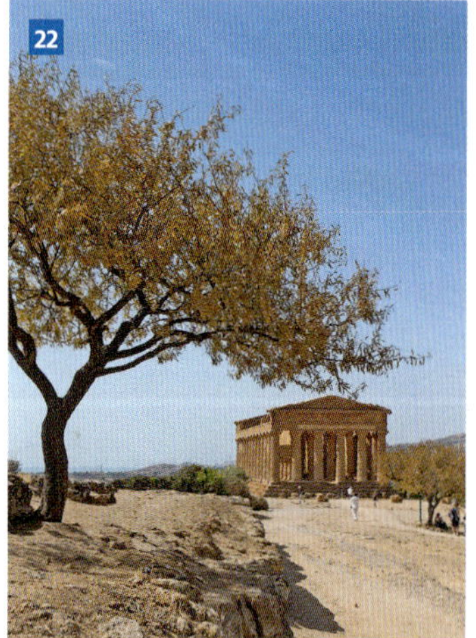

Zu diesen Orten und Sehenswürdigkeiten gibt es Detailkarten innen bzw. auf der Umschlagklappe.

Service

Alle wichtigen reisepraktischen Informationen – von der Anreise über Notrufnummern bis hin zu den Zollbestimmungen.

Umschlag:

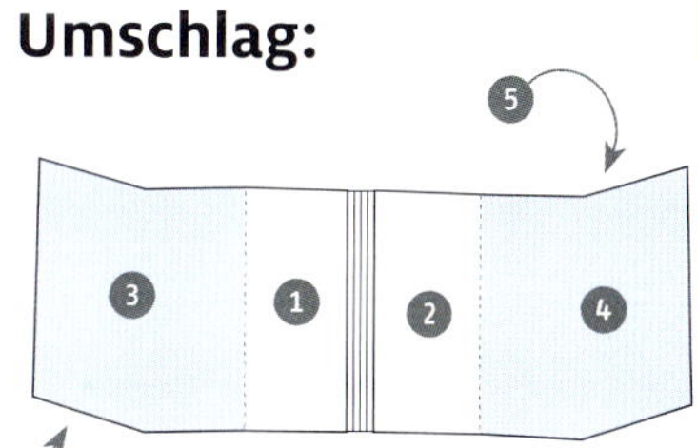

ADAC Top Tipps: Vordere Umschlagklappe, innen 1
ADAC Empfehlungen: Hintere Umschlagklappe, innen 2

Übersichtskarte Sizilien: Vordere Umschlagklappe, innen 3
Stadtplan Syrakus: Hintere Umschlagklappe, innen 4
Stadtplan Palermo: Hintere Umschlagklappe, außen 5
Ein Tag in Palermo: Vordere Umschlagklappe, außen 6

1 Den südlichsten Eibenwald Europas entdecken

Eine märchenhafte Landschaft säumt den Weg zum Bosco della Tassita di Caronia im Parco dei Nebrodi. Mit dem Auto erreicht man von Caronia aus die 1529 m hohe Portella dell'Obolo auf der SP 168 in Richtung Capizzi. Vom Parkplatz aus führt ein gut erhaltener Schotterweg etwa 2 km in den 50 ha großen Wald. Im südlichsten Eibenwald Europas stehen einige wunderschöne monumentale Bäume. Der Weg ist ganzjährig begehbar, im Winter auch mit Schneeschuhen.

■ www.inebrodi.it

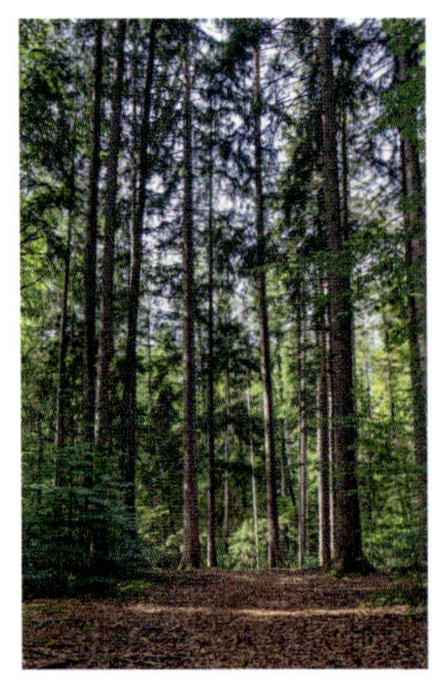

3-mal draußen

2 Castello Incantato in Sciacca

Lust auf Kunst im Freien? Das Castello Incantato (Verzaubertes Schloss) am Fuß des Monte Kronio in Sciacca beherbergt eine bizarre Skulpturensammlung: unzählige Köpfe aus Stein und Gesichter aus Olivenholz. Filippo Bentivegna hat sie fast 50 Jahre lang gemeißelt und geschnitzt, nachdem er 1919 aus Amerika in seine Heimatstadt Sciacca zurückgekehrt war. Der Garten liegt auf einem Hügel inmitten eines Olivenhains und bietet einen herrlichen Blick auf das offene Meer.

■ www.sciaccamusei.it

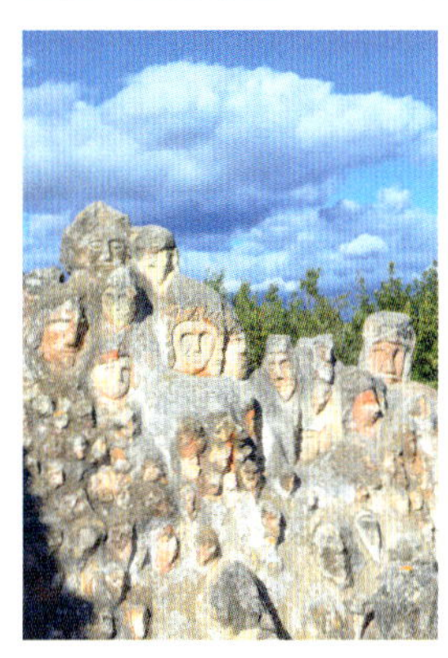

3 Eselwanderung am Ätna

Eine Wanderung am Rande des Vulkans ist ein Vergnügen für die ganze Familie, besonders für die Kleinen, die zwischendurch auf dem Rücken eines geduldigen Esels die Aussicht genießen können. Die Eselwanderungen beginnen in Piano Provenzana (Linguadossa) auf der Nordseite des Ätna und führen auf sicheren Wegen durch alte und neue Lavaströme. Die geführten Touren dauern eine oder mehrere Stunden bis hin zu einem Tag mit Verpflegung, wie z. B. die leichte, 4,5 km lange Wanderung durch den Buchenwald bis zur Schutzhütte Timpa rossa.

■ www.etnadonkeytrekking.com

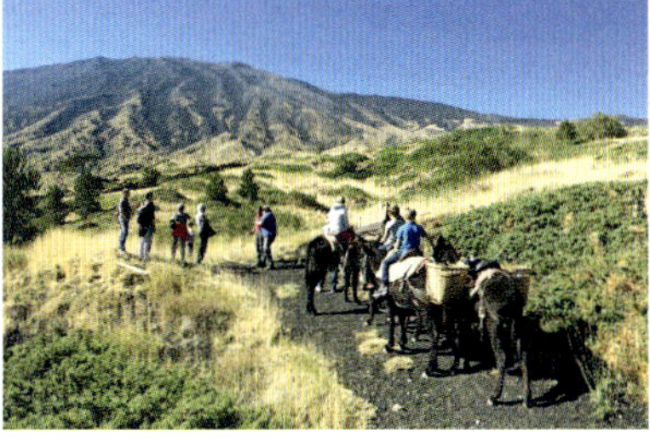

Sizilien – Hymne an die Schönheit

An diese hinreißende italienische Insel südwestlich vor der Stiefelspitze Italiens verliert jeder sein Herz

Die Kirchen San Cataldo und La Martorana im Herzen von Palermo

In der Antike hieß Sizilien wegen seiner dreieckigen Form Trinacria. Die Geschichte des Symbols der größten Mittelmeerinsel mit dem Kopf der Gorgone in der Mitte ist heute noch in mysteriöses Dunkel gehüllt: Rund um den Kopf sind drei Beine zu sehen, die die Kaps Peloro im Nordosten, Passero im Süden bei Syrakus und Lilibeo im Westen repräsentieren sollen. Faszinierend ist aber nicht nur der alte Name der größten Region Italiens. Moderne Besucher erliegen immer noch der gleichen Anziehungskraft, welche die Insel bei den antiken Völkern des Mittelmeerraums und später bei vielen Bildungsreisenden des 18. Jh. so beliebt machte. Faszinierend sind hier Natur und Klima, Geschichte, Mythos und Alltagsleben: »Atemberaubend schön« ist für diese Insel keine Floskel.

Sinnliches Sizilien

Eine Reise nach Sizilien spricht alle Sinne an. Von Anfang an umfängt die Insel Besucher mit Wärme und einer überwältigenden Farbenpracht. Immer wieder staunt man über die honigfarbenen Barockpaläste im Noto-Tal, das zarte Lindgrün der Weinberge in den Terre Sicane oder die atemberaubenden Sonnenuntergänge an der Nordküste. Wie gefesselt ist man von dem feurigen Rot der Lavaströme am Ätna, den goldenen Mosaiken in Palermo oder dem türkisfarbenen Meer um die kleineren Inseln. Sizilien duftet nach Orangenblüten, in der Sonne getrockneten Algen, Meersalz und Kapern, aber auch nach Gewürzen und Fisch: Hier erlebt man ein echtes Fest für den Gaumen, denn in der Inselküche vereinen sich verschiedene Einflüsse, vom arabischen Couscous über die Tomaten aus der spanischen Epoche bis hin zur typischen Mittelmeerkost.

Die Götter meinten es gut mit dieser Insel

Knapp 140 Kilometer trennen die Insel vom afrikanischen Tunesien. Ihre südiche Lage inmitten des Mittelmeers sorgt für viele Stunden Sonnenschein und warme Temperaturen. Selbst im Winter baden die Einheimischen noch, wenn der Ätna schon schneebedeckt ist. Und wenn im Hochsommer die heißen Hundstage kaum auszuhalten

Osterprozession in Enna (unten) – Typisches sizilianisches Gebäck, »cannoli« mit Pistazien (ganz unten)

sind, flüchtet man ans Meer oder in die Berge.

Auf der Insel erlebt man abwechslungsreiche Landschaften: Zerklüftete Küstenstreifen, merkwürdig geformte Klippen, lange Sandstrände mit sanften Buchten, fruchtbare Ebenen, wüstenartige Mondlandschaften, hohe Berge und aktive Vulkane bieten unzählige Postkartenmotive. Naturschutzgebiete wie die Parks Madonie und Nebrodi oder das Naturreservat Zingaro bewahren eine grandiose Natur.

Vor allem wegen seiner Lage war Sizilien bei vielen Völkern begehrt: Griechen, Phönizier, Römer, Araber, Normannen und später auch Franzosen und Spanier kämpften um die fruchtbare Insel und hinterließen eine Fülle wertvoller Schätze. Zeus, Juno und Herkules waren hier zu Hause und scheinen heute noch in der Nähe des einen oder anderen Tempels hinter den Bäume hervorzuschauen, wie in Agrigent, Syrakus oder Taormina, wo man das großartige künstlerische und kulturelle Erbe der Magna Graecia hautnah bewundern kann. Auch die Römer in der Villa Romana del Casale oder die Araber und Normannen in Palermo, Monreale und Cefalù schufen wahre Meisterwerke. Das Erstaunliche an Sizilien ist, dass man am Ende jeder Straße auf eine alte Burg, ein faszinierendes Barockportal, eine großartige Kirche oder eine Fassade mit Lavaintarsien stoßen kann. Die Spuren der verschiedensten Kulturen erkennt man auch an den noch lebendigen Traditionen: vom sizilianischen Marionettentheater über die typischen »carretti siciliani« und die Riten der Karwoche bis hin zum Handwerk mit Lavagestein und Keramik. So ist es kein Zufall, dass Sizilien bereits elfmal in die Welterbeliste der UNESCO aufgenommen wurde.

Diese Insel der Kontraste hat Wissenschaftler und Künstler zu jeder Zeit in-

Die Tonnara von Scopello ist eine der ältesten Thunfischfabriken auf Sizilien

spiriert: Archimedes, Antonello da Messina, Bellini und Tomasi di Lampedusa, Pirandello, Zichichi, Guttuso, Camilleri und viele mehr haben Sizilien mit ihren Werken bereichert.

Kontrastreich und faszinierend

Sizilien ist auch ein Land gewaltiger Naturereignisse: Erdbeben und Vulkanausbrüche haben seine Landschaft verändert und Menschenleben gefordert. Ob der sizilianische Fatalismus daher stammt? Doch die temperamentvollen Sizilianer haben der Gewalt der Natur immer wieder getrotzt und aus der Asche Neues hervorgezaubert, so wie in Catania. Erwacht man aber aus dem Rausch von Siziliens Schönheit, muss man sich für die Widersprüche der Insel wappnen. Das alte Pachtsystem für die Felder, das die Bauern immer ärmer machte, hat das Inselinnere entvölkert. Die Immobilienspekulation, vor allem in den 1970er und -80er Jahren, hat unfertige Bauten und sanierungsbedürftige Stadtviertel hinterlassen.

Und die »Cosa nostra«? Lange Zeit schien Resignation unter den Sizilianern zu herrschen. Doch dank des Mutes vieler hat sich der Wille zur moralischen Erneuerung durchgesetzt. Heute steht Sizilien vor einer weiteren Herausforderung: der Aufnahme des anhaltenden Zustroms von Migranten.

»Eines Tages wird dieses Land wunderschön sein«, meinte der 1992 ermordete Richter Paolo Borsellino. Geht eine Reise nach Sizilien zu Ende, bleiben die Erinnerungen an die Schönheit der Landschaft, den Glanz des Lichts, das überwältigend schöne Meer, die Pracht der Tempel und die Eleganz der Sizilianer. Sizilien ist bereits wunderschön, doch es kann noch schöner werden.

Hauptstadt *Palermo, 631 000 Einwohner*

Fläche *25 832 km²*

Einwohnerzahl *4,8 Mio.*

Sprache *Italienisch ist die Amtssprache; viele unterhalten sich aber auch in »siciliano«, einer eigenständigen Mundart*

Währung *Euro*

Religion *95 % römisch-katholisch*

Regierungssystem *Sizilien ist eine autonome Region und hat eine eigene Regierung mit Sitz in Palermo.*

Tourismus *Die Instabilität in vielen Ländern der Welt hat den Tourismus in den vergangenen Jahren begünstigt, momentan besuchen jährlich ca. 5 Mio. Touristen die Insel.*

Wichtigste Vokabeln

Typisch sizilianische Ausdrücke sind »mizzica« (Donnerwetter!) und »ntzu» (ich weiß es nicht), statt einfach »no« (Nein!) zu sagen.

Das lieben alle Sizilianer

Frittierte und gefüllte Reisbällchen (»arancine«) und das Streetfood am Markt oder an einem Verkaufsstand auf der Straße.

Darin sind die Sizilianer Weltmeister

Mit Gesten und Mimik zu »sprechen«, unwiderstehliche Süßigkeiten zu kreieren.

Das will ich erleben

Sizilien ist eine Region der Superlative. Eine atemberaubende Natur mit Meer und Stränden, Bergen und Vulkanen, Archipel-Inseln und Lagunen erwartet den Besucher. Das Kunst- und Kulturangebot ist einfach unschlagbar mit wundervollen Meisterwerken aus der Antike und der Zeit des Barocks. Beeindruckende Traditionen und religiöse Riten blicken auf eine 1000-jährige Geschichte zurück, und bunte Märkte sowie feinste Handwerksarbeiten verlocken zum Einkaufen. Dank einer großartigen Palette an kulinarischen Spezialitäten wird eine Sizilien-Reise auch zu einer unvergesslichen Genussreise.

Die Faszination der Antike

Die antiken Völker, die Sizilien eroberten, hinterließen überall auf der Insel eindrucksvolle Spuren: Angesichts majestätischer Tempel, spektakulärer Amphitheater, farbenfroher Mosaiken und der Überreste ganzer Städte geraten auch heutige Besucher ins Schwärmen.

Streetfood und allerlei Süßspeisen

Auf Sizilien freuen sich Feinschmecker und Naschkatzen besonders, denn hier werden Esskultur und Gaumenfreude großgeschrieben. Palermo und Catania präsentieren sich als Hochburgen des Streetfood, während überall auf der Insel süße Speisen als Versuchung locken.

Karwoche und Schutzheilige

Traditionen und Riten prägen noch heute den Alltag der Sizilianer, die beeindruckende Feste für ihre Stadtpatrone inszenieren. Einzigartige Prozessionen in der Karwoche, wie in Trapani oder Enna, wecken starke Emotionen – nicht nur bei den Teilnehmern.

25

Die Inseln der Insel

Eine Reise nach Sizilien ist auch eine Reise zu den benachbarten Inseln: Die Liparischen und die Pelagischen Inselgruppen sowie Ustica und Pantelleria sind dank ihrer sauberen Gewässer ein Paradies für Wassersportfans, doch sie bieten auch Kultur und Kulinarik.

46

Herrliche Wandergebiete

Die größte Insel im Mittelmeerraum entpuppt sich auch als Wanderparadies: In den bergigen Gebieten Siziliens wie den Madonie oder den Nebrodi, aber auch in den Schluchten der Alcantara sowie auf den Vulkanen Ätna und Stromboli bieten sich eindrucksvolle Wanderungen mit fantastischer Aussicht.

50

Fantastische Ausblicke

An jeder Ecke überrascht Sizilien mit einmaligen Naturspektakeln. Ob der Sonnenuntergang in den Salinen, mittelalterliche Dörfer wie Erice oder die merkwürdigen Lagunen in Tindari: Die Region hinterlässt viele nachhaltige Eindrücke.

Buchten und Strände

Sizilien bietet die unterschiedlichsten Strände, von Stein- und Kieselstrand über Felsküste bis zum klassischen feinen Sandstrand. Mit über 1000 Kilometer Küste und vielen kleineren vorgelagerten Inseln hat man auf der Suche nach dem Lieblingsstrand also die Qual der Wahl.

Arabisches und normannisches Erbe

Araber und Normannen bereicherten die Insel mit erstaunlichen Kunstwerken, nicht umsonst wurde sie von der UNESCO als Welterbe ausgezeichnet: Die goldenen Mosaikzyklen von Palermo, Monreale und Cefalù bezeugen, dass der Schmelztiegel der Kulturen schon immer eine Erfolgsgeschichte war.

Ein Streifzug durch die Barockkunst

Die sizilianische Barockkunst ist purer Ausdruck des Lebenswillens: Nach dem verheerenden Erdbeben im Jahr 1693, bei dem viele Städte dem Erdboden gleichgemacht wurden, verwandelten sich die Städte im Süden und Osten Siziliens zu architektonischen Kunstwerken, vor allem im Val di Noto.

»Pupi« und »carretti siciliani«

Das Marionettentheater sowie die bunt bemalten Karren sind Symbole Siziliens geworden. Handwerklich gefertigte »pupi« findet man noch, während die typischen Karren nur Museen und private Sammlungen schmücken.

Bunte Vielfalt auf den Wochenmärkten

Beim Eintauchen in die historisch verwurzelten Wochenmärkte erlebt man den typischen Alltag der Sizilianer, kann sich an der Farbenpracht berauschen, eine Vielzahl mediterraner Produkte genießen und als Souvenir mit nach Hause nehmen.

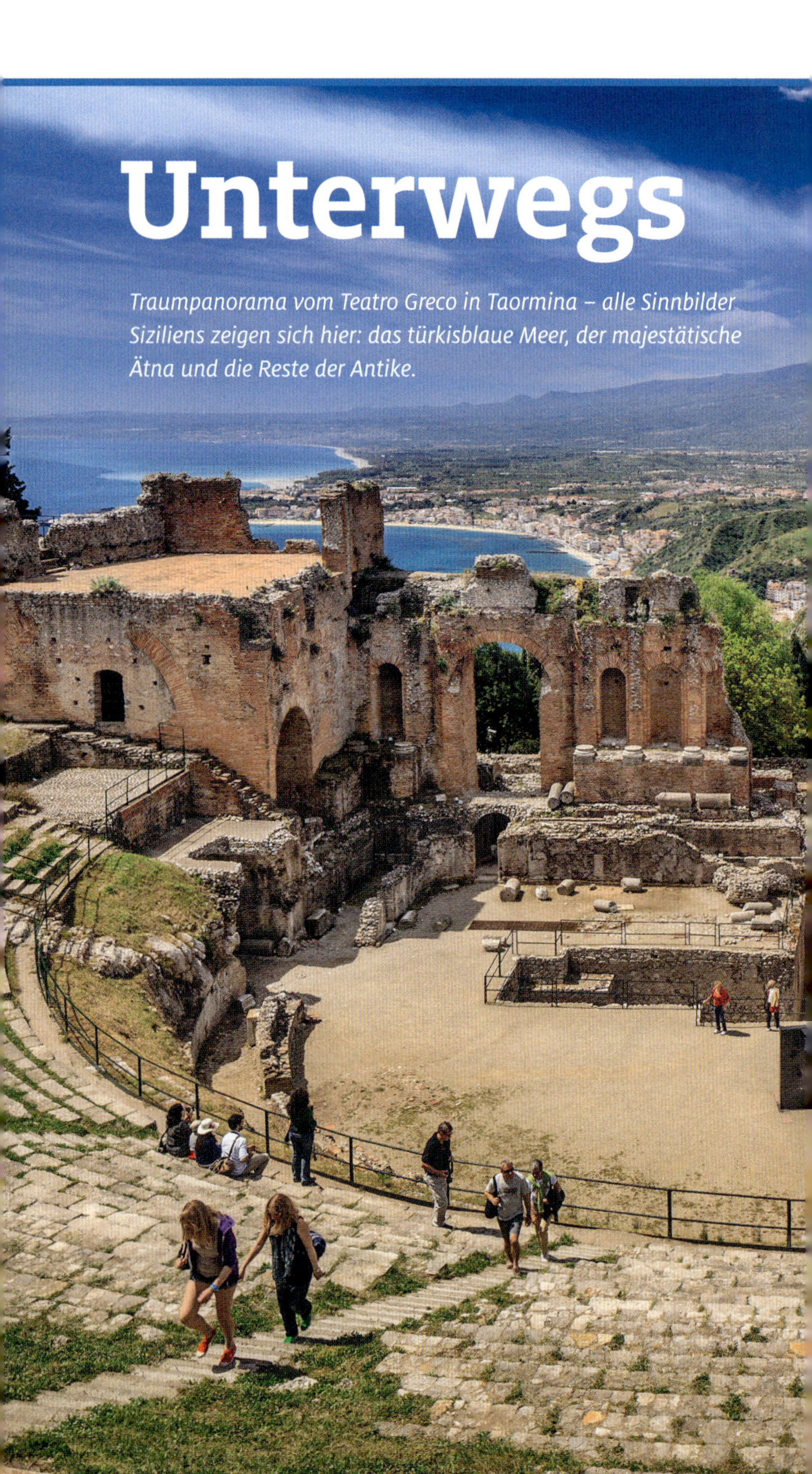

Unterwegs

Traumpanorama vom Teatro Greco in Taormina – alle Sinnbilder Siziliens zeigen sich hier: das türkisblaue Meer, der majestätische Ätna und die Reste der Antike.

Palermo und Umgebung

Die Hauptstadt Siziliens bietet einen faszinierenden Kulturmix, antike Schätze und in der Umgebung eine zauberhafte Natur

Palermo empfängt seine Gäste mit warmem Licht und typisch mediterranen Farben. Die Hauptstadt der Autonomen Region Sizilien liegt an einem von Bergen umgebenen Golf in einer fruchtbaren Ebene, die im 14. Jh. den Namen Conca d'Oro (Goldenes Becken) wegen der vielen Orangenbäume bekam. Heute sucht man hier vergebens das Gold der alten Orangenhaine, aber die Farbe strahlt noch von den spektakulären Mosaiken in der Altstadt, die eine Vielfalt an Kulturschätzen birgt. Auf Schritt und Tritt entdeckt der Besucher ein Juwel nach dem anderen. Er spürt die Lebendigkeit dieser Stadt, am intensivsten auf den historischen Märkten, wo der rege Alltag seine fesselnde Wirkung ausübt. Bei einem Stadtrundgang werden aber auch Palermos Kontraste spürbar: Prunkvolle Gebäude und raffinierte Shoppingmeilen sind vom morbiden Charme alter Häuser umgeben, und im Hinterland zeigen sich trostlose Betonviertel. Doch auch in der Umgebung der sizilianischen Metropole gibt es viel zu entdecken: Der Hitze im Hochsommer, den Hundstagen, entflieht man am beliebten Strand Mondello; in Monreale wird der Glanz der normannischen Architektur bestaunt, während moderne und barocke Kunst in Bagheria ein Kontrastprogramm bieten. Die Spuren der Antike zeigen sich im hügeligen Solunto, und die typischen »carretti«, die traditionellen zweirädrigen Holzkarren mit ihrer auffälligen Bemalung, bestaunt man in Terrasini. Für einzigartige Erlebnisse sorgt die bizarre Schönheit der kleinen Insel Ustica.

In diesem Kapitel:

ADAC Top Tipps:

1 **Palermo**
| Altstadt |
Die berauschende Konzentration an kulturellen Schätzen wird vom überaus lebendigen Flair der Stadt betont. 18

ADAC Empfehlungen:

Cappella Palatina
| Kapelle |
Das Juwel des Normannenpalastes bezaubert mit der Pracht seiner goldglänzenden Mosaike. 19

San Giovanni degli Eremiti
| Kirche |
Im Herzen der Stadt liegt eine Kirche mit arabischer Silhouette und einem faszinierenden Garten. 22

Cattedrale Maria Santissima Assunta
| Kathedrale |
Das Wahrzeichen der Hauptstadt Siziliens begeistert nicht nur Kunst- und Geschichtsliebhaber. 22

Ballarò
| Markt |
Das bunte und rege Treiben des historischen Markts ist Ausdruck des Alltagslebens der Palermitaner. 23

Fontana Pretoria
| Brunnen |
Die spielerische Barockkunst des Brunnens lädt zum Verweilen unter freiem Himmel ein. 25

Foro Italico
| Uferpromenade |
Mit Blick auf den Golf und die Stadt Entspannung pur am Meeresufer. 27

Cattedrale Santa Maria Nuova und Chiostro, Monreale
| Kathedrale |
Atemberaubende Mosaiken und ein erstaunlicher Kreuzgang stehen Palermos Schätzen in nichts nach. 31

Museo del Carretto Siciliano, Terrasini
| Museum |
In dem Museum erhält man Einblicke in die traditionelle Kunst der sizilianischen Karren. 34

1 Palermo

Schmelztiegel der Kulturen

Die Kathedrale von Palermo zeigt die unterschiedlichsten Stilelemente

Information

- V. Principe del Belmonte 92, 90100 Palermo, Tel. 091/58 51 72, www.cittametropolitana.pa.it/turismo, www.infopointpalermo.com
- Parken siehe S. 19

Dank der reichen Hinterlassenschaften UNESCO-Welterbe

Wenn man sich Palermo nähert, zeigt sich zuerst die Silhouette des Monte Pellegrino, dann nehmen Ebene und Bucht Gestalt an. Besucher erwartet eine vielfältige Metropole, auf die die verschiedensten Kulturen Einfluss genommen haben. Die Italienische Kulturhauptstadt 2018 bezaubert nicht nur mit arabischen und normannischen Schätzen sowie Barockbauten, sondern auch mit der Lebendigkeit ihres Alltags. Die arabischste Stadt Italiens ist auch Streetfood-Mekka. Die Altstadt teilen zwei Hauptachsen: Die Via Maqueda mit der parallelen Via Roma bildet die Nord-Süd-Achse, die Hauptader Corso Vittorio Emanuele verläuft als West-Ost-Achse vom Regierungssitz bis zum Hafen. Die Palermitaner nennen sie Cassaro, aus dem Arabischen »al Quasar« (Burg): Seit dem 16. Jh. ist sie die eleganteste Straße der Stadt. Zwischen den Achsen erstrecken sich die historischen Viertel Kalsa, Albergheria, Capo und La Loggia – das Herz Palermos.

Plan S. 20/21 

Die westlichen Viertel

Der arabisch-normannische Stadtteil ist der älteste Palermos

Im historisch reichsten und interessantesten Viertel Albergheria konzentriert sich das arabisch-normannische Erbe Palermos: Der Palazzo dei Normanni, die Cappella Palatina, die Kathedrale und San Giovanni degli Eremiti wurden 2015 zum UNESCO-Welterbe erklärt. Zum Viertel Seracaldio, kurz Capo genannt, gehören die Barockkirche Chiesa del Gesù/Casa Professa und das Opernhaus Teatro Massimo. Geschmückt werden diese Viertel von den historischen Märkten Ballarò und Capo.

Sehenswert

1 Cappella Palatina

| Kapelle |

1 *Glanz für die Ewigkeit in der goldenen Kapelle*

Das weltberühmte Kleinod der arabisch-normannischen Kunst erreicht man über einen weiten Innenhof und eine triumphale Treppe, die nichts vom Glanz der Hofkapelle Rogers II. verraten. Sowohl der Baustil als auch die Ausschmückung im Inneren verbinden byzantinische, islamische und romanische Elemente. Glänzende Mosaiken auf goldenem Grund bedecken die oberen Wandteile und die Bogen der Kapelle. In der Kuppel und der Halbkuppel der Zentralapsis dominiert der majestätische Christus Pantokrator. Bei den ältesten Mosaiken des Presbyteriums bestaunt man Szenen aus dem Evangelium wie die Taufe Christi. In den Seitenschiffen sind Bilder der Heiligen Paulus und Petrus und im Mittelschiff Episoden aus dem Alten Testament abgebildet. Von erlesener Kunst ist auch der Osterleuchter

ADAC Mobil

Die meisten Bereiche verfügen über mit blauen Linien gekennzeichnete Parkplätze (1 €/Std.). Parkscheine (»ticket di parcheggio«) erhält man in Tabakläden. Oder man stellt sein Auto auf einem Parkplatz ab, etwa Piazza Ungheria (1,50 €/Std.) oder Piazza Vittorio Emanuele Orlando 49 (2,80 €/Std.).

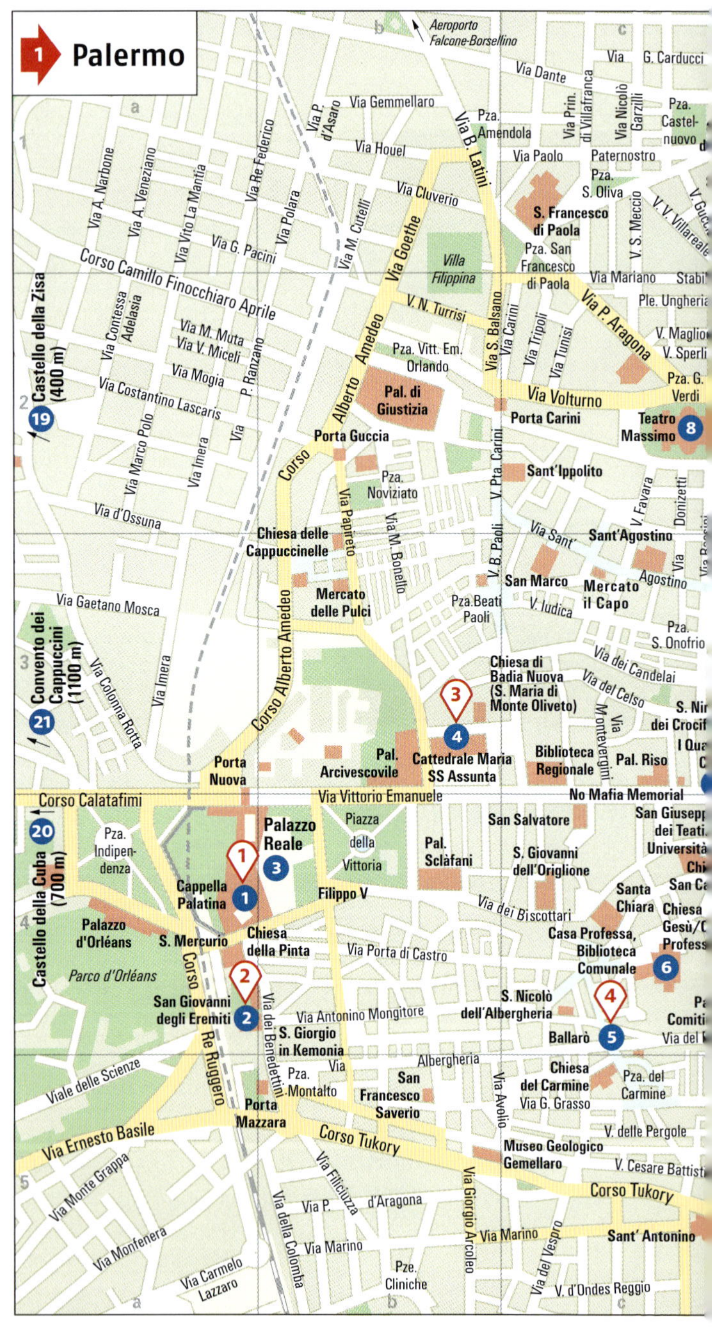
1 Palermo
Via Dante
Via G. Carducci
Via Gemmellaro
Via Houel
Via Cluverio
Via Goethe
Villa Filippina
Corso Camillo Finocchiaro Aprile
Castello della Zisa (400 m)
19
Via Costantino Lascaris
Corso Alberto Amedeo
Pal. di Giustizia
Porta Guccia
Via Volturno
Porta Carini
Teatro Massimo
8
Sant'Ippolito
Sant'Agostino
Chiesa delle Cappuccinelle
Mercato delle Pulci
San Marco
Mercato il Capo
Convento dei Cappuccini (1100 m)
21
Chiesa di Badia Nuova (S. Maria di Monte Oliveto)
Porta Nuova
Pal. Arcivescovile
Cattedrale Maria SS Assunta
Biblioteca Regionale
Pal. Riso
Corso Calatafimi
Via Vittorio Emanuele
No Mafia Memorial
Castello della Cuba (700 m)
20
Palazzo Reale
Cappella Palatina
Piazza della Vittoria
Pal. Sclàfani
San Salvatore
S. Giovanni dell'Origlione
Palazzo d'Orléans
Parco d'Orléans
S. Mercurio
Chiesa della Pinta
Casa Professa, Biblioteca Comunale
Santa Chiara
San Giovanni degli Eremiti
S. Giorgio in Kemonia
S. Nicolò dell'Albergheria
Ballarò
Chiesa del Carmine
Porta Mazzara
San Francesco Saverio
Via Ernesto Basile
Corso Tukory
Museo Geologico Gemellaro
Sant' Antonino
Via Marino
Via della Colomba

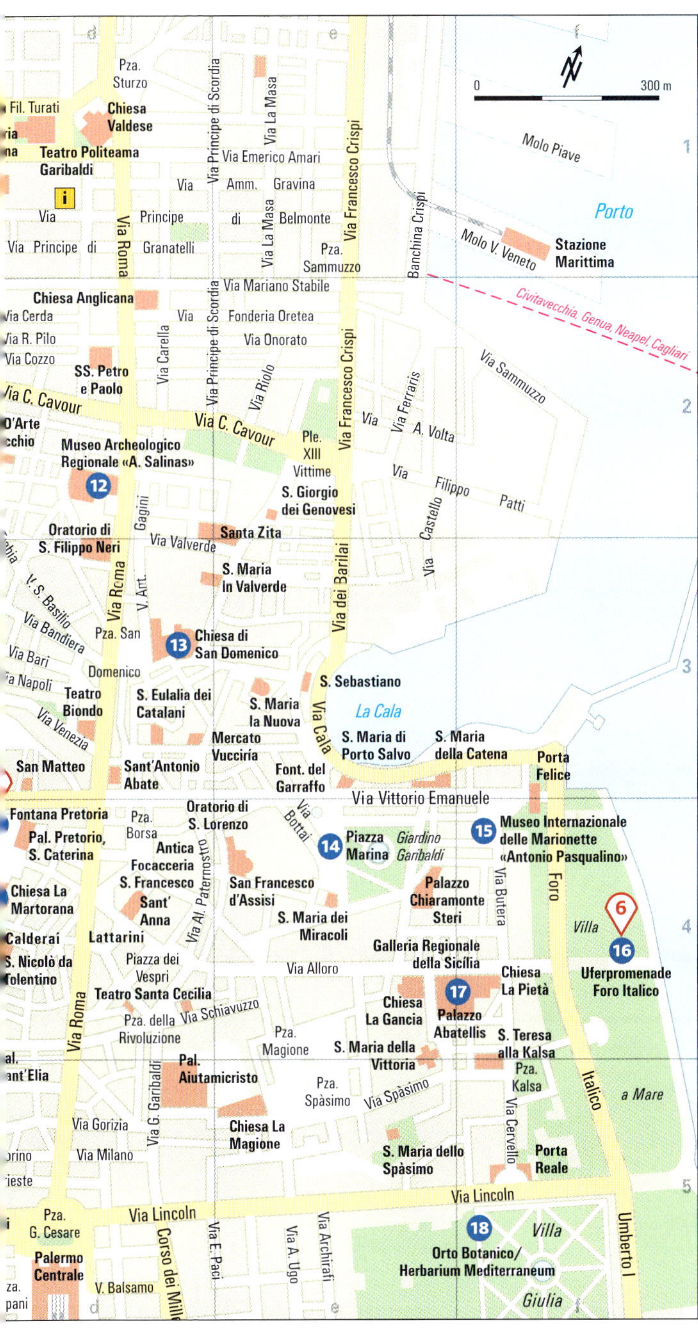

Pza. Sturzo
Chiesa Valdese
Fil. Turati
Teatro Politeama Garibaldi
Via Principe di Scordia
Via La Masa
Via Emerico Amari
Via Amm. Gravina
Via Principe di Granatelli
Via Roma
di Belmonte
Via Francesco Crispi
Pza. Sammuzzo
Banchina Crispi
Molo Piave
Porto
Molo V. Veneto
Stazione Marittima
0
300 m
Civitavecchia, Genua, Neapel, Cagliari
Via Mariano Stabile
Chiesa Anglicana
Via Cerda
Via R. Pilo
Via Cozzo
Via Fonderia Oretea
Via Onorato
Via Carella
SS. Petro e Paolo
Via Riolo
Via C. Cavour
Via Sammuzzo
Via Ferraris
Via A. Volta
Museo Archeologico Regionale «A. Salinas»
12
Ple. XIII Vittime
Via Filippo Patti
S. Giorgio dei Genovesi
Via Castello
Gagini
Oratorio di S. Filippo Neri
Via Valverde
Santa Zita
S. Maria In Valverde
Via dei Barilai
V. S. Basilio
Via Bandiera
V. Art.
Pza. San Domenico
13
Chiesa di San Domenico
Via Bari
Via Napoli
Teatro Biondo
S. Eulalia dei Catalani
S. Maria la Nuova
S. Sebastiano
La Cala
Via Cala
Via Venezia
Mercato Vucciría
S. Maria di Porto Salvo
S. Maria della Catena
Porta Felice
San Matteo
Sant'Antonio Abate
Font. del Garraffo
Via Vittorio Emanuele
Oratorio di S. Lorenzo
Via Bottai
Fontana Pretoria
Pza. Borsa
Pal. Pretorio, S. Caterina
Antica Focacceria S. Francesco
14
Piazza Marina
Giardino Garibaldi
15
Museo Internazionale delle Marionette «Antonio Pasqualino»
Via Al. Paternostro
Chiesa La Martorana
Sant' Anna
San Francesco d'Assisi
Palazzo Chiaramonte Steri
Via Butera
Foro
S. Maria dei Miracoli
6
Villa
16
Calderai
Lattarini
S. Nicolò da Tolentino
Piazza dei Vespri
Via Alloro
Galleria Regionale della Sicília
Chiesa La Pietà
Uferpromenade Foro Italico
Teatro Santa Cecilia
17
Chiesa La Gancia
Palazzo Abatellis
Pza. della Rivoluzione
Via Schiavuzzo
Pza. Magione
S. Maria della Vittoria
S. Teresa alla Kalsa
Pza. Kalsa
Italico
a Mare
Pal. Aiutamicristo
Via G. Garibaldi
Pza. Spàsimo
Via Spàsimo
Via Cervello
Via Gorizia
Chiesa La Magione
Via Milano
S. Maria dello Spàsimo
Porta Reale
Via Lincoln
Pza. G. Cesare
Corso dei Mille
Via E. Paci
Via A. Ugo
Via Archirafi
18
Villa
Orto Botanico/ Herbarium Mediterraneum
Giulia
Umberto I
Palermo Centrale
V. Balsamo
1
2
3
4
5
d
e
f

aus Marmor im Ambo, das älteste romanische Kunstwerk auf Sizilien! Imposant wirkt die kostbare, von arabischen Kunsthandwerkern gestaltete Holzdecke in Stalaktiten- und Wabenform. Der Königsthron steht direkt am Eingang.

■ P.za del Parlamento 1, Tel. 091/7055611, www.federicosecondo.org, Mo–Sa 8.30–16.30, So, Fei bis 12.30 Uhr, Cappella Palatina mit Appartamenti Reali, Giardini Reali, Area Archeologica und Ausstellungen 19 € (Fr–Mo, Fei), 15,50 € (Di–Do)

ADAC Spartipp

Der »Circuito del Sacro« bietet die Möglichkeit, bei der Besichtigung einiger Kirchen Palermos zu sparen, z.B. in der Kathedrale oder der Chiesa La Martorana (S. 25).
Nach dem Besuch der ersten Kirche werden alle weiteren ermäßigt.
www.ilgeniodipalermo.com

2 San Giovanni degli Eremiti

| Kirche |

Pittoresker Ort mit idyllischem Garten für Ruhesuchende

Die kleine Kirche mit viereckigem Grundriss sowie normannischen und arabischen Elementen liegt an einem ruhigen Ort, der den hektischen Alltag der Großstadt rasch vergessen lässt. Die fünf roten Kuppeln, die an eine Moschee erinnern, repräsentieren das muslimische Universum, der Grundriss dagegen gibt die Form eines lateinischen Kreuzes wieder. Nicht nur diese interessante Stilmischung macht die Faszination dieser Kirche aus, die Roger II. um das Jahr 1132 erbauen ließ. Im üppig grünen Garten, in dem sich ein schöner Kreuzgang mit weißen Zwillingssäulen befindet, gedeihen Rosen, Granatapfelbäume und Palmen.

■ V. d. Benedettini 20, Tel. 091/6515019, Mo–Sa 9–18, So, Fei 9–13.30 Uhr, 6 €, erm. 3 €

3 Palazzo Reale

| Palast |

Der sogenannte Normannenpalast wurde als militärische Festung errichtet und 1130 nach der Krönung von Roger II. in einen königlichen Palast umgebaut. Unter Friedrich II., der seine Kindheit hier verbrachte, wurde der Palast ein Treffpunkt von Künstlern und Gelehrten. Der heutige Sitz der sizilianischen Regierung ist größtenteils nur von außen zu besichtigen. Spuren der normannischen Zeit entdeckt man am Turm Pisana und seinen Blendbogen. Die großartige Hauptfassade ist relativ nüchtern gehalten und blickt auf das Denkmal Philipps V. und die enorme Piazza Vittoria. Der Park Villa Bonanno verleiht dem monumentalen Komplex mit vielen Palmen eine orientalische Stimmung. In den Appartamenti Reali glänzt die Sala di Ruggero: Wunderschöne Goldmosaiken zeigen Jagdszenen und Allegorien, die Rogers Sohn Wilhelm I. in Auftrag gab.

■ Siehe Cappella Palatina

4 Cattedrale Maria Santissima Assunta

| Kathedrale |

Imposanter Normannendom mit Panoramablick

Die rosafarbene Kathedrale erhebt sich majestätisch an der mit Palmen geschmückten Piazza Sett'Angeli. 1170–1185 an die Stelle einer Moschee unter normannischer Herrschaft errichtet, wird sie auch Normannendom ge-

Die Cappella Palatina – ein Kleinod arabisch-normannischer Kunst

nannt. Vom ursprünglichen Baustil ist aufgrund mehrfacher Umbauten nicht viel übrig geblieben. Neben dem reich dekorierten Portal im gotisch-katalanischen Stil finden sich klassizistische Kuppeln und gotische Türme mit zweibogigen Fenstern. Auf der Dachterrasse erlebt man hautnah dekorative Details der Bauelemente und ein schönes Panorama über die Stadt. Im unspektakulären Innenraum befindet sich die Cappella di Santa Rosalia mit den Reliquien der beliebten Schutzpatronin Palermos. Im rechten Seitenschiff sind die Sarkophage von Roger II., seiner Tochter Konstanze und deren Mann Heinrich VI. sowie ihrem Sohn Friedrich II. aufbewahrt. Unter den Exponaten des Domschatzes ist auch eine schöne Krone zu finden: Ob sie Konstanze von Aragon oder Friedrich II. gehörte, ist nicht geklärt.

■ C.so V. Emanuele, www.cattedrale.palermo.it, Dachterrasse, Monumentalkomplex der Kathedrale, Dächer, Diözesanmuseum: Mo–Sa 9.30–18, So 10–18 Uhr, 15 €, Dächer 7 €, sonstige Einzelpreise und Ermäßigungen siehe Website

5 Ballarò

| Markt |

Einblick in den palermitanischen Alltag beim Marktbummel

Der Markt berauscht bereits frühmorgens mit seinen Farben und Düften, während die Verkäufer laut ihre Ware anpreisen. Obst und Gemüse, Fisch und Streetfood gibt es in großen Mengen. Hier findet man auch Kräuter, Gewürze und Süßigkeiten wie die »frutta martorana«, bunte, teilweise sehr echt aussehende Marzipanfrüchte. Rund um den Markt arbeiten Handwerker hinter renovierungsbedürftigen Türen und Fassaden, die zum morbiden Kolorit der Gegend beitragen.

■ P.za Ballarò und Vicolo del Carmine, Mo–Sa 7.30–20 Uhr

Chiesa del Gesù/Casa Professa

| Kirche |

Als Kontrastprogramm zur Umgebung präsentiert die Chiesa del Gesù mit ihrer Farbenpracht den Höhepunkt der Barockkunst in der Stadt. Jede Oberfläche des dreischiffigen Gebäudes, das Jesuiten 1564 erbauten, ist mit Stuck, Schnörkeln, Engelsfiguren, Fresken und buntem Marmor mit Intarsien bedeckt. ■ P.za Casa Professa, www.casaprofessa.com, Mo–Sa 7.30–18.30, So, Fei 10.30–12.45 u. 18–20 Uhr

I Quattro Canti

| Platz |

Wo sich Corso Vittorio Emanuele und Via Maqueda – beide Fußgängerzone – kreuzen, öffnet sich die prachtvolle Piazza Villena. Die Palermitaner nennen sie »I Quattro Canti« (Die vier Ecken) und betrachten sie als ihr Wohnzimmer im Freien. Die Fassaden aus dem 17. Jh. schmücken blumige Dekors, Nischen, Königs- und Heiligenstatuen und im Erdgeschoss Brunnen und Skulpturen, die die vier Jahreszeiten verkörpern.

Teatro Massimo

| Theater |

Mit dem Bau des größten italienischen Opernhauses begann der Architekt Giovanni Battista Basile 1875. Im neoklassizistischen Stil wurde es von seinem Sohn Ernesto fertiggestellt und 1897 eröffnet. Seine Wiedereröffnung nach 23 Jahre währenden Renovierungsarbeiten symbolisierte 1997 die Wiederauferstehung Palermos. Angeboten wird ein Spielplan mit Opern, modernem Ballett und Konzerten. ■ P.za Verdi, www.teatromassimo.it, 9–19 Uhr, Führung ca. 30 Min., 10 €; Teatro Massimo und Palazzo Butera 15 €

Restaurants

€ | Dainotti's Apericapo In der Imbissbude gibt es Streetfood-Spezialitäten wie »panelle« und »arancine«. ■ V. Porta Carini 51, Mobil 340/870 34 97, Plan S. 20/21 b2

€€ | Trattoria Corona Die Adresse für Liebhaber traditioneller Fischgerichte wie »bucatini« mit Sardellen. ■ V. Guglielmo Marconi 9, Tel. 091/33 51 39, www.coronatrattoria.it, So geschl., Mo nur abends, Plan S. 20/21 c1

Cafés

Pasticceria Scimone Die mit Schokolade und Zimt gefüllten »dita dell'apostolo«, längliche Crêpes, sind ein Muss. ■ V. Imera 8, Tel. 091/58 44 48, www.pasticceriascimone.it, Mi–Mo 7–20.30 Uhr, Plan S. 20/21 b2

Einkaufen

Capo Im kleinsten der historischen Märkte kann man alles zu günstigen Preisen kaufen: neben Fleisch auch Fisch, Obst und Gemüse, Streetfood sowie Haushaltswaren. ■ Zwischen V. Porta Carini und P.za Beati Paoli, tgl. 7–20, Mi, So bis 13 Uhr, Plan S. 20/21 c2

ADAC Mittendrin

Streetfood

Die »arancine« sind keine kleinen Orangen, wie der Name suggeriert, sondern frittierte, mit Fleisch gefüllte Reisbällchen, deren Farbe und Form an eine Orange erinnern. Die »panelle« aus Kichererbsenmehl werden mit Brot serviert. Ein Stück kostet etwa 2,50 €.

Die östlichen Viertel

Vielfältig und kontrastreich mit Blick aufs Meer

Zwischen der Via Maqueda und dem Meer überquert die Einkaufsstraße Via Roma die östlichen Stadtviertel. Im alten Viertel Kalsa, dessen ursprünglich arabischer Name »al-Kalisab« (die Erwählte) bedeutet, wohnten früher Seeleute und Fischer. Heute stehen neben der Piazza Marina und der Uferpromenade auch sanierungsbedürftige Gebäude. Im historischen Viertel La Loggia befinden sich der quirlige Markt La Vucciria, die Barockkirche San Domenico und die Cala, der einstige Fischerhafen Palermos.

Sehenswert

9 Fontana Pretoria

| Brunnen |

Manieristisches Kunstwerk auf einem extra dafür angelegten Platz

Ursprünglich für eine Villa gebaut, wurde der Brunnen aus 644 prächtigen Marmorteilen im Jahr 1573 von der Stadt Palermo erworben. Monster, Tiere, Sirenen, Tritonen und die vier Flüsse der Stadt schmücken den Brunnen, der wegen seiner nackten Gestalten auch als »Fontana della vergogna« (Brunnen der Scham) bekannt ist.

■ P.za Pretoria

10 Chiesa di San Cataldo

| Kirche |

Die leuchtend roten Kuppeln der Kirche im normannisch-arabischen Stil ragen aus dem zierlichen Zinnenkranz gen Himmel. Im schmucklosen Innenraum der dreischiffigen Kirche mit kubischem Baukörper, die um 1154 erbaut wurde, beeindruckt das harmonische Zusammenspiel von Kapitellen, Gewölben und Fußbodenmosaik.

■ P.za Bellini 1, tgl. 10–18 Uhr, 2,50 €

Piazza Bellini mit der Kreuzkuppelkirche La Martorana

11 Chiesa La Martorana

| Kirche |

Die Marienkirche, auch Santa Maria dell'Ammiraglio genannt, weil sie vom Admiral Rogers II. errichtet wurde, bewahrt trotz vieler Umbauten einen wunderbaren Zyklus von Goldmosaiken. Im Kuppelraum und im Eingangsbereich ist der byzantinische Einfluss offensichtlich, wie beim Pantokrator mit vier Engeln oder bei der Krönung Rogers II. durch Christus.

■ P.za Bellini 3, Mo–Sa 9.30–13 und 15.30–17.30, So, Fei 9–10.30 Uhr, 2 €, erm. 1 €

12 Museo Archeologico Regionale »Antonino Salinas«

| Museum |

Das Museum zeigt eine bedeutende archäologische Sammlung von der Vorgeschichte der Insel bis zur spätrömischen Zeit. Zu den Höhepunkten gehören die Pietra di Palermo, ein schwarzer Diorit mit ägyptischen Hieroglyphen (2400 v. Chr.), Metopen der Tempel von Selinunt (570–560 v. Chr.) sowie der Bronze-Widder aus Syrakus (3. Jh. v. Chr.).

■ P.za Olivella 24, Tel. 091/748 99 95, Di–Sa 9–18, So, Fei 9–13.30 Uhr, 6 €

13 Chiesa di San Domenico

| Kirche |

Die beeindruckende Barockfassade der ersten Dominikanerkirche Palermos (1458–1480), die zugleich als größtes Gotteshaus Siziliens gilt, entstand Anfang des 18. Jh. Innen sind die Gräber berühmter Sizilianer zu entdecken, darunter das Grabmal des Revolutionärs Francesco Crispi. Links vom Hauptportal geht es in den schönen Kreuzgang.

■ P.za San Domenico, Tel. 091/774 64 42, www.domenicani-palermo.it, Mo 17–19, Di–So 9–13 u. 17–19 Uhr

 14 Piazza Marina

| Platz |

In der Mitte des großen trapezförmigen Platzes befindet sich der tropisch anmutende, 1863 gegründete Garten Garibaldi, der mit einem enormen Ficus macrophylla – mit 25 Meter Höhe und 21 Meter Durchmesser der größte Europas – eine Oase der Ruhe im stressigen Alltag ist. Sonntags findet hier ein multiethnischer Trödelmarkt statt.

 15 Museo Internazionale delle Marionette »Antonio Pasqualino«

| Museum |

Das Marionettenmuseum verfügt über die größte sizilianische Sammlung von »pupi«. Außerdem beherbergt es 2000 fernöstliche und afrikanische Figuren

Arkadengang mit Statuen im Museo Archeologico Regionale »Antonino Salinas«

und bietet interessante Einblicke in die Geschichte der »Opera dei Pupi«. Darüber hinaus sind auch Rekonstruktionen historischer Puppentheater zu sehen. Sehr bemerkenswert sind die traditionellen Inszenierungen des Marionettentheaters von Alcamo mit den Geschichten der Paladine von Karl dem Großen.

■ Piazzetta Antonio Pasqualino 5, Tel. 091/32 80 60, www.museodellemarionette.it, Di–Sa 10–18, So/Mo 10–14 Uhr, 5 €

Foro Italico

| Uferpromenade |

Palermitaner verbringen ihre Freizeit am Meeresufer

Die sogenannte »Passeggiata della Marina« ist eine 40 000 Quadratmeter große grüne Fußgängerzone am Meeresufer, die mit Palmengarten, Spazier- und Radwegen und Panoramablick aufs Meer Entspannung bietet. Morgens ist sie Treffpunkt für Jogger, abends wimmelt es von Leuten, die eines der vielen Lokale besuchen. Auf großen bunten Designerbänken bewundert man den Golf und vergisst dabei fast die sausenden Autos auf der Hauptstraße Foro Italico und Foro Umberto hinter sich.

■ Zwischen Villa Giulia und la Cala

Palazzo Abatellis

| Kunstgalerie |

Der schlichte Palazzo mit Zinnenturm und gotischem Portal beherbergt sizilianische Kunstwerke vom Mittelalter bis zur Neuzeit, darunter auch das Meisterwerk »Die Verkündigung« von Antonello da Messina (1430–1479) und das berühmte mahnende Fresko »Triumph des Todes«.

■ V. Alloro 4, Tel. 091/623 00 11, Di–Fr 9–18.30, Sa, So, Fei 9–13 Uhr, 8 €, erm. 4 €

Im Blickpunkt

Aktiv gegen die Mafia

Der 2004 gegründeten Antimafia-Bewegung Addiopizzo – »addio«: Leb wohl, »pizzo«: Schutzgeld – (www.addiopizzo.org) haben sich über 1000 Läden angeschlossen. In der Reisebranche ist Addiopizzo Travel aktiv, während die Addiopizzocard gemeinnützige Projekte fördert: Wenn man damit in pizzofreien Läden einkauft, werden einige Prozente des Einkaufsbetrags z. B. für den Park La Favorita verwendet. Zu den Unterstützern des Projekts zählt das Restaurant Antica Focacceria San Francesco, das 2007 den Verein Libero Futuro gründete und Produkte von Libera Terra (www.liberaterra.it) kauft. Libera Terra koordiniert und fördert über 1600 Genossenschaften, die von der Mafia beschlagnahmte Grundstücke für die Landwirtschaft nutzen. Das No mafia Memorial in Palermo und das Museum C.I.D.M.A. in Corleone bieten einen Überblick über die Mafia und die Antimafia-Bewegungen von den Anfängen bis in die Gegenwart. Corleone, einst fest in der Hand des Mafiabosses Totò Riina, ist heute ein Symbol für die aktive Bekämpfung der kriminellen Organisation.

No mafia Memorial, V. Vitt. Emanuele 353, Palermo, www.nomafiamemorial.org, Mi–Mo 11–17 Uhr, Eintritt frei

C.I.D.M.A., V. Valenti 7, Corleone, www.cidmacorleone.it, Mo–Fr 10–17, Sa, So 10–13 Uhr, Besuch mit Führung nach Voranmeldung auf der Website, ab 2 Pers., 10 € pro Pers.

 18 Orto Botanico und Herbarium Mediterraneum

| Botanischer Garten |

Mit seinen zehn Hektar gilt der 1779 gegründete Garten als grüne Oase im Süden der Stadt und zeigt historische Sammlungen von Zitruspflanzen, eine Palmenallee, einen tropischen Obstgarten sowie viele Wasserpflanzen. Sehenswert sind auch die Treibhäuser. ■ V. Lincoln 2, Tel. 091/23 89 12 36, www.ortobotanico.unipa.it, 9–20 Uhr, im Winter bis 17 Uhr, 7 €, erm. 4 €

Gefällt Ihnen das?

Wer sich für Pflanzen interessiert, sollte auch den herrlichen **Giardino della Kolymbethra** in Agrigent (S. 59) und den **Parco Botanico e Geologico Gole Alcantara** (S. 102) nicht versäumen.

 Restaurants

€ | Antica Focacceria San Francesco Die Focacceria serviert seit 200 Jahren authentische palermitanische Leckerbissen wie »sfincioni« und »arancine«. ■ V. Alessandro Paternostro 58, Tel. 091/32 02 64, www.anticafocacceria.it, tgl. 11–23 Uhr, Plan S. 20/21 e4

€€ | Il maestro del brodo Am Markt Vucciria warten lokale Spezialitäten wie gekochtes Rindfleisch (»bollito«) mit Kartoffeln und Safran. ■ V. Pannieri 7, Tel. 091/32 95 23, Mo–Sa 12.30–15 und 19.30–23 Uhr, Plan S. 20/21 d3

 Cafés

Bar Rosanero In der über 50 Jahre alten Konditorei gibt es allerlei Kuchen, typische »cannoli« und »frutta martorana«. ■ Piazzetta Porta Reale 6, Tel. 091/616 42 29, www.barrosanero.com, Di–So 7–23 Uhr, Plan S. 20/21 f5

Antico Caffè Spinnato Hier schmeckt zum »caffè« besonders köstliches sizilianisches Gebäck. ■ V. Principe di Belmonte 111, Tel. 091/616 42 29, www.spinnato.it, tgl. 7–1 Uhr, Plan S. 20/21 e1

 Bühne

Orchestra Jazz Siciliana Das Ensemble spielt Jazzmusik in zwei bedeutenden Baudenkmälern der Stadt: im Monumentalkomplex Santa Maria dello Spasimo (16. Jh.) und im Teatro Santa Cecilia (17. Jh.). ■ Tel. 091/778 28 60, www.brassgroup.it; Santa Maria dello Spasimo, Via dello Spasimo 15, Plan S. 20/21 e5; Teatro Santa Sicilia, P.za Teatro Santa Cecilia 5, S. 20/21 d4

 Einkaufen

La coppola storta Die traditionelle Schiebermütze »coppola« ist ein Zeichen gegen Korruption und organisiertes Verbrechen und ein modisches Accessoire, auch für Frauen. ■ V. Bara all'Olivella 74, Tel. 091/32 44 28, www.lacoppolapunto.com, Plan S. 20/21 d2

Insula In der Werkstatt des Kreativvereins ALAB werden künstlerische Objekte aus Keramik und anderen Materialien hergestellt. ■ P.za Sant'Anna 3, Tel. 091/54 62 68, www.alabpalermo.it, Plan S. 20/21 d4

La Vucciria Der älteste und traditionsreichste Wochenmarkt hat seinen früheren Glanz zwar ziemlich verloren, trotzdem bekommt man hier neben allerlei Lebensmitteln ein buntes Bild des Stadtlebens geboten. ■ P.za Caracciolo, tgl. vormittags bis mittags, Plan S. 20/21 e3

Außerhalb der Altstadt

Schlösser, Paläste und Klöster, umgeben von spektakulärer Natur

Einzigartige Gebäude wie das Castello della Zisa, La Cuba oder die Katakomben der Cappuccini darf man sich nicht entgehen lassen. Nach der Einigung Italiens (1861) entwickelte sich die Stadt nach Westen: Ihr wurde auch der Monte Pellegrino einverleibt.

Sehenswert

19 Castello della Zisa

| Lustschloss |

Zisa kommt vom Arabischen »al aziz« (die Strahlende). 1165 von Wilhelm I. begonnen, wurde das Lustschloss damals mit drei Stockwerken im arabischen Stil erbaut und mit üppigen Gärten umgeben, die leider nicht erhalten sind. Ein mit Mosaiken und Stalaktitendecke prunkvoll geschmückter Brunnensaal thront im Mittelpunkt des Erdgeschosses, sodass das Innere an ein Märchen aus 1001 Nacht erinnert.

■ P.za Zisa, Tel. 091/652 02 69, Di–Sa 9–19, So, Fei 9–13.30 Uhr, 6 €, erm. 3 €

20 Castello della Cuba

| Palast |

Das »La Cuba« genannte Gebäude, vom normannischen König Wilhelm II. 1180 erbaut, besticht mit seinem geometrischen Umriss. Giovanni Boccaccio (1313–1375) setzte dem Palast als Schauplatz einer Novelle seines »Decamerone« ein literarisches Denkmal.

■ C.so Calatafimi 100, Tel. 091/59 02 99, Mo–Sa 9–19 Uhr, 2 €, erm. 1 €, jeden 1. So im Monat geöffnet, Eintritt frei

Buntes Angebot an Gemüse, Obst und anderen Frischwaren auf dem Mercato Vucciria

21 Convento dei Cappuccini

| Kloster |

In den Katakomben des Kapuzinerklosters befindet sich eine recht makabere Sehenswürdigkeit: rund 8000 vollständig bekleidete Mumien von Mönchen, wichtigen Persönlichkeiten der Stadt und sogar Kindern. Nach Geschlecht, Beruf und Stand geordnet, wurden sie zwischen dem 16. und dem 20. Jh. auf Stehplätzen an den Wänden aufgereiht. Und ihre Verwandten kamen regelmäßig, um sie frisch einzukleiden.

■ P.za Cappuccini, www.catacombefraticappuccini.com, tgl. 9–12.30, 15–17.30 Uhr, 5 €, erm. 3 €

Einkaufen

Palazzolo Seit 1920 verkauft die Konditorei »cannoli«, »frutta martorana«, »cassata« und Gebäck. ■ Am Flughafen, Tel. 091/212176, www.pasticceriapalazzolo.com, Plan S. 20/21 nördl. a2

Konzerte

Teatro Politeama Garibaldi Das neoklassizistische Theater ist heute Sitz des Orchestra Sinfonica Siciliana, das einen abwechslungsreichen Spielplan bietet. ■ V. Turati 2, Tel. 091/6072532, www.orchestrasinfonicasiciliana.it, Di–So Führungen, 5 €, Plan S. 20/21 d1

Kreuzgang und Innenhof des Klosters in Monreale mit Cattedrale

In der Umgebung

Monte Pellegrino

| Berg |

Vom Berg aus genießt man einen herrlichen Blick auf die Stadt, den Golf und bei klarem Wetter sogar auf Cefalù, den Ätna und die Liparischen Inseln. Bis zum Gipfel (609 m) führt von der Piazza Generale Cascino eine knapp zweistündige Wanderung. Auf 458 Meter Höhe stößt man auf die Grotte der hl. Rosalia, die hier als Einsiedlerin gelebt haben und 1166 gestorben sein soll.

■ Santuario S. Rosalia, www.santuariosantarosalia.it, Bus 812: Mo–Sa 5.45–18.35, alle 15 Min.; So 6–21 Uhr, alle 45 Min.

2 Monreale

Arabisch-normannische Kunst in Vollendung

Information

■ P.za Guglielmo II, 90046 Monreale, Tel. 091/656 46 51

Das Städtchen blickt von einem 300 Meter hohen Hügel auf das nur acht Kilometer entfernte Palermo. Die Mosaiken seines Doms und der Kreuzgang ziehen jeden in ihren Bann. Einheimische Künstler und Mosaikleger aus Konstantinopel gestalteten auf 6340 Quadratmetern den größten Mosaikzyklus Europas. Der Dom von Monreale gehört seit 2015 zum UNESCO-Welterbe. Der Kreuzgang mit seinen 228 Doppelsäulen zählt zu den schönsten der Welt.

Sehenswert

Cattedrale di Santa Maria Nuova und Chiostro

| Kathedrale |

7 *Bedeutender Kunstschatz der normannischen Epoche*

Knapp ein Jahrzehnt lang (1174–1182) brauchte man für den Bau der dreischiffigen Kathedrale, die aus einem Streit zwischen dem Normannenkönig Wilhelm II. und dem Papst entstanden war. Von zwei mächtigen Türmen flankiert, beeindruckt der Außenbau mit dem kontrastreichen Farbspiel von hellem Kalktuff und schwarzer Lava. Das erlesene Bronzeportal von Bonanno Pisano schmücken 42 Szenen aus dem Alten und Neuen Testament. Überwältigend ist allein schon die Größe des Innenraums, der eher an einen gigantischen Thronsaal erinnert: 102 mal 40 Meter! Die atemberaubend schönen Mosaikzyklen übertreffen jede Vorstellung: Unzählige biblische Figuren und Szenen treten aus dem brillanten Goldgrund hervor und überziehen alle Wände des Mittel- und des Querschiffs sowie des Chors. Die Hauptapsis dominiert das Bild des Pantokrators, während der Stifter Wilhelm II. über dem Bischofsthron dargestellt ist. Wunderschön ist auch der Kreuzgang des angrenzenden Benediktinerklosters mit Innengarten. Er besteht aus 26 Arkaden, die von 228 Zwillingssäulen aus Marmor getragen werden, die mit bunten Intarsien im arabischen Stil verziert sind. An jeder der Doppelsäulen sind wilde Tiere, antike Ornamente in der Form von Pflanzen, menschliche Gestalten oder Fabelwesen zu bewundern.

■ P.za Guglielmo II, Tel. 091/640 44 13, www.duomomonreale.com, Kreuzgang: Mo–Sa 9–19, So 9–13.30 Uhr, 6 €, erm. 3 €; Dom, Terrassen, Cappella Roano: Mo–Sa 9–13 u. 14.30–16.30, So 14.30–16.45 Uhr, Museum nur Mo–Sa, 13 €, erm. 6/9 €

Restaurants

€ | Taverna del pavone Spezialitäten der sizilianischen Küche wie Pasta alla Norma in einem alten Palazzo in Domnähe. ■ Vicolo Pensato 18, Tel. 091/640 62 09, Di–Sa 12–15, 19–23, So 12–15 Uhr

Kinder

Acquapark Monreale Der größte Wasserpark Siziliens bietet alles, was sich Wasserratten wünschen. ■ V. Pezzingoli 12, Tel. 091/646 02 46, www.acquaparkmonreale.it, Juni–Sept. tgl. 9.30–18 Uhr, Erw. 14–18 €, Kinder 5–14 €

3 Bagheria

Groteske Steinskulpturen und realistische Kunst

Da der Adel Palermos hier bis zum 19. Jh. prächtige Villen erbaute, um den Sommer zu genießen, wird Bagheria auch »Stadt der Villen« genannt.

Sehenswert

Museo Guttuso

| Museum |

In der Villa Cattolica werden 50 Gemälde, 60 Zeichnungen und eine Skulptur des in Bagheria geborenen Renato Guttuso (1911–1987) gezeigt – ergänzt durch Werke aus seiner Sammlung.

■ V. Rammacca 9, Mobil 366/803 59 18, Di–So 9–18 Uhr, 6 €, erm. 4 €

Villa Palagonia

| Villa |

Ein Kuriosum ist die bekannteste Sommerresidenz der Gegend, denn die 1715 erbaute Villa schmücken über 1700 Statuen mit mythologischen Motiven, über die schon Goethe schrieb.

■ P.za Garibaldi 3, Tel. 091/93 20 88, www.villapalagonia.it, tgl. 9–13, 15.30–17.30, April–Okt. tgl. 9–13, 16–19 Uhr, 6 €

4 Solunto

Griechisch-römische Ausgrabungsstätte am Kap

Das antike Solunt liegt auf dem Catalfano in atemberaubender Lage. Wahrscheinlich von den Puniern im 4. Jh. v. Chr. gegründet, wurde es von Dionysios I. zerstört, um 350 v. Chr. von Timoteo wieder aufgebaut und im 2. Jh. von den Sarazenen verwüstet zu werden.

Die Überreste des antiken Solunt sind ein gutes Beispiel für eine antike Stadt

Sehenswert

Area Archeologica

| Ausgrabungsstätte |

Zu besichtigen sind die Reste der Grundmauern vieler Häuser, der Agora, des Theaters und des Gymnasiums mit noch erhaltenen dorischen Säulen. ■ V. Collegio Romano, 90017 Solunto/Santa Flavia, Tel. 091/90 50 43, Mo–Sa 9–17.30, So, Fei 9–13 Uhr, 4 €, erm. 2 €

5 Insel Ustica

Die schwarze Insel ist ein wahres Tauchparadies

Information

- www.comune.ustica.pa.it
- Marines Reservat: www.ampustica.it
- Fährverbindungen siehe S. 135

Für Taucher sind die Gewässer um diese nur 8,6 Quadratkilometer große Insel vulkanischen Ursprungs ein Paradies. Um die Wasserwelt zu schützen, wurden die Gewässer rund um die Insel 1986 zum ersten marinen Reservat Italiens erklärt. Heute leben hier fast 50 Prozent aller im Mittelmeer beheimateten Meerestiere und -pflanzen. Der Inselname stammt von dem Wort »usta« (»verbrannt«) und erinnert an die Vulkanausbrüche, bei denen die Insel mit Lava bedeckt wurde. Unter der Felsküste öffnen sich geheimnisvolle Meeresgrotten wie die Grotta Azzurra, die man auch mit Fischerbooten besichtigen kann. Für Wanderlustige gibt es schöne Panoramawanderwege wie den Weg zur Rocca Falconiera.

Sport

La Perla Nera Diving Tauchmeister Roberto verspricht atemberaubende Erlebnisse unter Wasser. ■ P.za Capitano Vito Longo 4, 90010 Ustica, Mobil 349/220 73 27

 Mondello

Der beliebteste Strand der Palermitaner

Information

■ Beim Antico Stabilimento Balneare, V.le Regina Elena
■ Im Sommer vom Zentrum Palermos mit dem Bus Linie 816

Bereits um 1900 wurde das einstige Fischerdorf zur Sommerfrische. Viele reiche Palermitaner errichteten hier ihre Villen. Der Badeort mit seinem zwei Kilometer langen, feinen weißen Sandstrand und kristallklarem Wasser liegt in einer malerischen Bucht zwischen dem Monte Pellegrino und dem Monte Gallo. Die Hafenmole mit dem Kurhaus Antico Stabilimento Balneare im feinsten Jugendstil sorgt für ein nostalgisches Flair, während die vielen Restaurants und Straßencafés im Sommer zum Verweilen einladen.

 Terrasini

Sizilianische Tradition zwischen Bergen und dem Golf vom Castellammare

Information

■ P.za Duomo, 90049 Terrasini, Tel. 389/0434773

Obwohl das Gebiet rund um Terrasini schon in der Altsteinzeit besiedelt war, geht der Ursprung des heutigen Ortes auf einen Feudalbesitz im 17. Jh. zurück. Auf dem Domplatz genießt man das typische Streetfood wie »pane e panelle« und lässt den Abend bei einer »apericena« ausklingen.

Sehenswert

Museo del Carretto Siciliano
| Museum |

8 *Meisterhafte handwerkliche Kunstwerke*

Im Erdgeschoss des Palazzo d'Aumale wird eine beeindruckende Sammlung von »carretti siciliani« gezeigt. An ihrer Gestaltung und Bemalung erkennt man religiöse, historische, märchenhafte, musikalische oder reale Motive.
■ Lungomare Peppino Impastato, Tel. 091/881 09 89, www.museoartecontemporanea.it, Di–Sa 9–20, So, Fei 9–13 Uhr, 6 €

Kneipen, Bars und Clubs

Albertini Lounge Bar Die üppige »apericena«, eine Mahlzeit zwischen Aperitif und Abendessen, wird zur Happy Hour auf einem riesigen Brett serviert. ■ P.za Duomo 38, Mobil 333/245 14 20, tgl. 7–2.30 Uhr

Im Blickpunkt

»Carretti siciliani«

Die wunderschön geschnitzten und bunt bemalten zweirädrigen Karren aus Holz wurden früher von Eseln oder Pferden gezogen, um Güter zu transportieren. Diese Tradition begann auf Sizilien Ende des 18. Jh. Mythologische Szenen, Heldentaten der Paladine oder Geschichten aus dem Alltagsleben wurden an den Seiten sowie auf der Unterseite dargestellt. Um einen Karren zu bauen, arbeiteten verschiedenste Handwerker wie Holzschnitzer, Kunstschmiede und Kunstmaler monatelang daran.

Übernachten

In der Altstadt Palermos hat man ein großes Angebot an Hotelzimmern in eleganten Palazzi, wo Jugendstil und aktuelles Design miteinander verschmelzen und deren moderner Komfort und zentrale Lage geschätzt werden. Außerhalb der Stadt wohnt man in charmanten Hotels oder B & Bs in verkehrsgünstiger und bezaubernder Lage, mit Blick aufs Meer oder direkt am Meer, nahe an Naturschätzen und Sehenswürdigkeiten.

Palermo 18

€ | **Hotel Posta** Ruhiges Hotel im Zentrum mit Fahrradverleih und vielfältigem Frühstück. ■ V. Antonio Gagini 77, 90133 Palermo, Tel. 091/58 73 38, www.hotelpostapalermo.it

€ | **Hotel Tonic** In einem Jugendstilpalazzo zentral zwischen den Theatern Massimo und Politeama gelegen. Sehr gutes Frühstück. ■ V. Mariano Stabile 126, 90139 Palermo, Tel. 091/58 17 54, www.hoteltonic.it

€ | **Ibis Styles Palermo Cristal** Im Herzen der Stadt bietet das moderne Hotel mit Stil eingerichtete Zimmer, gutes Frühstücksbuffet und ein eigenes Restaurant. ■ Via Roma 477, 90139 Palermo, Tel. 091/507 06 49, www.hotelcristalpalacepalermo.it

€€ | **Hotel Giardino Inglese** Zentral gelegenes Hotel im Jugendstil mit Garten und Wellnessbereich im obersten Stockwerk. ■ V.le della Libertà 63, 90143 Palermo, Tel. 091/625 12 95, www.hotelgiardinoinglese.it

€€ | **Quattro Quarti** Ehemals Teil eines adeligen Wohnsitzes (16. Jh.), wurde das Gebäude im Herzen Palermos zu einem B & B umgestaltet. Vier große Zimmer. ■ Corso Vittorio Emanuele 376, 90134 Palermo, Tel. 091/58 36 87, www.quattroquarti.it

€€€ | **Grand Hotel Wagner** Das romantische 5-Sterne-Hotel im Herzen der Stadt lässt die Atmosphäre vergangener Zeiten wieder aufleben. ■ Via R. Wagner 2, 90139 Palermo, Tel. 091/33 65 72, www.grandhotelwagner.it

Solunto 32

€€ | **Domina Zagarella Sicily** Schöne Zimmer mit allem Komfort direkt am Golf von Porticello; außerdem gute Restaurants mit zuvorkommendem Personal. ■ V. Nazionale 77, 90017 Santa Flavia, 6 km nördl. von Solunto, Tel. 091/ 90 30 77, www.dominasicily.com

Ustica 33

€ | **Hotel Clelia** Das komfortable Hotel verfügt über 26 helle Zimmer; Frühstück wird mit Blick aufs Meer serviert. ■ V. Sindaco I 29, 90010 Ustica, Tel. 091/844 90 39, www.hotelclelia.it

Terrasini 34

€ | **B & B Casa Manzella** In der Altstadt bietet das B & B gemütliche Zimmer mit allem Komfort. ■ Piazzetta Titì Consiglio, 90049 Terrasini, Mobil 340/ 145 98 06, https://bb-casa-manzella.webnode.it/

Der Nordwesten und Westen

Karibische Küstenlandschaften, antike Tempel und einzigartige Naturspektakel

Die reizvolle Region wurde wegen der Nähe zu Nordafrika durch Karthager und Araber geprägt. Den arabischen Einfluss spürt man heute noch: Palmen gedeihen im regenarmen Klima, Couscous dominiert die lokale Küche, und die Städte zeigen arabische Architektur. Traumhafte Strände schmücken die Küste im nordwestlichen Zipfel bis zur Halbinsel von San Vito Lo Capo. Im Naturreservat Zingaro hinterlassen Wanderungen in der Natur und Tauchgänge im glasklaren Meer unvergessliche Eindrücke. Genauso spektakulär präsentieren sich die Salinen zwischen Trapani und Marsala, vor allem bei Sonnenuntergang, wenn die Salzberge bunt leuchten. Die Spuren der Antike sind bei den Tempelresten in Segesta und Mozia und in vielen Kunstwerken zu entdecken. Vom mittelalterlichen Erice aus genießt man ein atemberaubendes Panorama auf die Provinzhauptstadt Trapani: Das heutige Stadtbild des antiken Drepanon ist modern und eher bescheiden, punktet aber mit einer eindrucksvollen Karfreitagsprozession. Feinschmecker freuen sich auf vielfältiges Streetfood, exquisite Fischspezialitäten, traditionelles Mandelgebäck und berühmte Weine wie den Marsala. Wassersportliebhaber und Sonnenhungrige genießen die wunderschöne Natur des Ägadischen Archipels und der Insel Pantelleria.

In diesem Kapitel:

ADAC Top Tipps:

Riserva Naturale Orientata dello Zingaro

| Naturreservat |

In dem Schutzgebiet, das man nur auf Wanderungen entdecken kann, gedeihen nicht nur seltene Pflanzen. Mit etwas Glück entdeckt man auch Wanderfalken oder Geier. Und traumhafte Buchten verlocken zum Baden. 41

ADAC Empfehlungen:

Polo Museale »La Memoria del Mediterraneo«, Castellammare del Golfo

| Museum |

Einblicke in die traditionelle Landwirtschaft und Fischerei der Region – und in das Leben einer alten »tonnara«. 39

Panoramablick von der Altstadt von Erice

| Aussichtspunkt |

In 750 Meter Höhe öffnet sich ein atemberaubender Rundblick auf Trapani und das offene Meer. 41

11

Riserva Naturale Orientata Saline di Trapani e Paceco

| Naturschutzgebiet |

Romantische Sonnenuntergänge mit einem wunderbaren Farbenspiel erlebt man an den Salinenfeldern in Begleitung von Windmühlen-Silhouetten. 44

Ägadische Inseln

| Küstenlandschaft |

Das Meer rund um die Ägadischen Inseln beeindruckt mit wunderschönen Farbtönen, die fast schon unnatürlich wirken – die Farbpalette reicht von Türkis über Smaragd bis zu Tiefblau. 44

8 Alcamo

Orientalisches Flair und exquisite Weine rund um eine Burg

Information

■ Castello di Alcamo, P.za della Repubblica, 91011 Alcamo, Tel. 09 24/229 15

■ Parkplatz an der Piazza Bagolino

Am Fuß des 826 Meter hohen Monte Bonifato liegt die von den Arabern 828 als Burg gegründete Stadt: Davon zeugt der Brunnen Fontana Araba. Die Altstadt wuchs rund um Chiesa Madre und Burg und ist heute noch von unzähligen Kirchen geprägt. Abends flaniert jeder auf dem Corso VI Aprile und später auf der zentralen Piazza Ciullo. Die Stadt ist für ihre exquisiten Weine bekannt.

Sehenswert

Piazza Ciullo

| Platz |

Der große rechteckige Platz, der dem Dichter Ciullo d'Alcamo aus dem 13. Jh. gewidmet ist, ist Treffpunkt von Jung und Alt. Hier stehen die Barockkirche Collegio dei Gesuiti und die Kirche Sant'Oliva. Palmen verleihen dem Platz orientalischen Charme. Seine moderne Gestaltung entwickelte die Architektin Gae Aulenti (1927–2012).

Castello dei Conti di Modica

| Burg |

Enrico und Federico Chiaramonte errichtetetn die Burg im 14. Jh. auf rautenförmigem Grundriss und mit zweibogigen Fenstern auf der Nordseite.

■ P.za della Repubblica, Tel. 09 24/229 15, Di–So 9.30–12.30, 16.30–19.30 Uhr, Eintritt frei

Restaurants

€ | **Frutti di mare da Giovanni** Leckere Fischgerichte am Lungomare. ■ V. Madonna del Ponte 100, Balestrate, Tel. 091/ 685 36 82, tgl. 12.30–15, 19–23 Uhr

€ | **Il Gattopardo** Typisch sizilianisches Streetfood und schmackhafte Riesen-Pizza. Probieren sollte man den »tagliere« mit lokalen Wurst- und Käsesorten. ■ V. XI Febbraio 1, Tel. 09 24/ 244 98, Mo geschl.

Wandern

Riserva Naturale Orientata Bosco d'Alcamo Hier kann man schön wandern, besonders zwischen August und Oktober zur Orchideenblüte. ■ V. Monte per Monte Bonifato 157, immer zugänglich

In der Umgebung

La Real Cantina Borbonica Die große Weinkellerei ließ Ferdinand I. nach 1882 erbauen. Kleines Museum über sizilianische Marionetten. ■ V. Principe Umberto 312, Partinico, Tel. 091/891 32 00

9 Castellammare del Golfo

Der antike Hafen von Segesta liegt malerisch an einer Bucht

Information

■ P.za G. Matteotti 1, 91014 Castellammare del Golfo, Tel. 09 24/59 25 55, www.comune.castellammare.tp.it

Im Hafen Cala Marina schaukeln Boote, während die Fischer frisch gefangenen Fisch an der Mole verkaufen und

Blick vom Hafen Cala Marina mit Fischerbooten auf Castellammare del Golfo

ihre Netze reparieren. An Sommerabenden schlendern hier Einheimische und Touristen entlang. Über sie wacht die mächtige Burg der Aragonier aus dem 14. Jh. mit arabischen Grundmauern. Von der Küstenstraße SS 187 nach Scopello genießt man einen Panoramablick auf die Bucht. Die Stadt hat herrliche Strände.

Sehenswert

Polo Museale »La Memoria del Mediterraneo«

| Museum |

Einblick in die alten Fischfangmethoden

Das Meer und das alte Fischerleben sind die Hauptdarsteller der Dauerausstellung im Castello. Zu bestaunen sind Boote, Geräte, Fossilien und eine muschelförmige Treppe im arabischen Stil: eine Rarität! Beeindruckend ist auch die multimediale Präsentation der »tonnara« (alte Thunfischfang- und -verarbeitungsstelle) im nahen Scopello.

■ P.za Castello, Tel. 09 24/302 17, Di–Sa 10–13, 15–19 Uhr, Eintritt frei

Museo Etno-Antropologico – Annalisa Buccellato

| Museum |

Gezeigt werden alte Werkzeuge, Wagen und Utensilien der lokalen Landwirtschaft. Von der Terrasse hat man einen herrlichen Blick auf das Meer.

■ P.za Castello, Tel. 09 24/335 33, www.annalisabuccellato.it, Di–Sa 10–13, 16–19 Uhr, 2,50 €, erm. 2 €

In der Umgebung

Scopello Rund um die »tonnara«, die man bei einer Führung besichtigen kann, liegt einer der schönsten Küstenstriche mit Felsnadeln und glasklarem Wasser. Einen Strand gibt es hier zwar nicht, das Sonnenbad nimmt man auf einer Betonfläche. ■ La Tonnara di Scopello, Mobil 388/829 94 72, www.latonnaradiscopello.it, tgl. 10–19 Uhr, 15 €, Reservierung online

Restaurants

€ | Quattro Canti Schmackhafte Pizza, Pinsa und Arancine im gemütlichen Ambiente in zentraler Lage, auch vegetarisch/vegan. ■ C.so B. Mattarella 21, Tel. 09 24/20 27 99 oder 366/461 82 62

In der Umgebung

Terme Segestane

| Thermen |

In der Nähe der offiziellen Thermen mit schwefelhaltigen Quellen trifft man auf die frei zugänglichen Thermalbecken Polle di Crimiso mit einer Wassertemperatur von 47 °C.

■ V. Roma 168, Contrada Ponte Bagni

10 Segesta, Area Archeologica

Antiker dorischer Tempel einsam auf einem Hügel

■ Contrada Barbaro, S.P. 68, 91013 Calatafimi, Tel. 09 24/95 23 56, www.parcodisegesta.com, ab 9 Uhr, Ende März–Anf. Okt. bis 18 Uhr, 8 €, erm. 4 €; Theaterfestival im Sommer: www.segestateatrofestival.com

Der dorische Tempel steht allein in der Hügellandschaft: Er wurde von den Elymern erbaut, um die Abgesandten von Athen 426 v. Chr. zu beeindrucken, das um Hilfe gegen Selinunt gebeten worden war. Als Athen den Krieg gegen Syrakus verlor, gab es keinen Grund mehr, ihn fertigzustellen. Heute bestaunt man 36 Säulen mit Kapitellen ohne Verzierungen. Östlich befindet sich ein im 3. Jh. v. Chr. erbautes Amphitheater. Von hier aus hat man einen spektakulären Blick auf Castellammare del Golfo, Erice und leider auch auf die Autobahn.

Der dorische Tempel von Segesta steht auf dem bewaldeten Monte Barbaro

11 San Vito Lo Capo

Halbinsel mit karibischen Stränden an glasklarem Wasser

Information

V. Savoia 74, 91010 San Vito Lo Capo, Tel. 09 23/97 43 00, www.ilovesanvitolocapo.it

Die Halbinsel bietet mit einem langen Sandstrand und klarem Wasser ein Badeparadies. Der nordafrikanisch anmutenden kleinen Stadt gehört der größte Teil des Naturreservats Zingaro.

Sehenswert

Riserva Naturale Orientata dello Zingaro

| Naturreservat |

Küstenwanderungen in unberührter Natur

Das Schutzgebiet wurde 1981 nach Protesten der Bevölkerung gegründet, die sich gegen eine geplante Küstenstraße wehrte. Im Naturreservat gibt es daher keine befahrbare Straße. Die Schönheit des circa 1650 Hektar großen Reservats zwischen Cala Mazzo di Sciacca und der Tonnarella dell'Uzzo erlebt man auf Wanderwegen. Der Hauptpfad folgt dem sieben Kilometer langen Küstenstreifen aus zerklüfteten Kalkfelsen. Hier bezirzt jeden der Kontrast zwischen den weißen Sandbuchten und dem türkisfarbenen Meer. Neben typisch mediterranen Pflanzen wie Zwergpalmen, Johannisbrot- und Mandelbäumen gedeihen hier auch seltene Pflanzen wie der Strandflieder von Todaro. Mit etwas Glück kann man Wanderfalken und Geier sichten. Das türkisgrüne Wasser in den Kiesbuchten lädt zum Schnorcheln ein.

Nordeingang: von San Vito Lo Capo Richtung Villaggio Calampiso; Südeingang: von der »tonnara« in Scopello, Tel. 09 24/351 08, www.riservazingaro.it, tgl. 7–19.30 Uhr, 5 €, erm. 3 €

Restaurants

€€ | Syrah Schmackhafte Fischgerichte wie Spaghetti »ai ricci di mare« und süßer Couscous als Dessert. V. Savoia 86, Tel. 09 23/97 20 28

Events

Cous Cous Fest Beim internationalen Festival der kulturellen Integration treffen sich seit 1998 jedes Jahr im September Köche und Liebhaber des Couscous. Besucher können die ursprünglich nordafrikanische Arme-Leute-Speise probieren, während die Köche an einem Wettbewerb teilnehmen. www.couscousfest.it

12 Erice

Faszinierende Bergstadt mit fantastischem Meerespanorama

Information

Porta Trapani, tgl. 10–18.30 Uhr, www.comune.erice.tp.it

Parkplatz an der Porta Trapani

Die kleine mittelalterliche Stadt thront auf dem gleichnamigen Berg und bietet einen fabelhaften Blick auf Trapani, San Vito Lo Capo und die Ägadischen Inseln. Im Sommer von der Sonne geküsst, ist sie im Winter oft von Wolken umhüllt. Eine Serpentinenstraße windet sich bis nach oben; die Stadt selbst ist autofrei. Von den Elymern gegründet, war das

ADAC Wussten Sie schon?

1963 wurde in Erice das Centro di Cultura Scientifica Ettore Majorana gegründet, das dem gleichnamigen, 1938 unter geheimnisvollen Umständen verschwundenen Physiker gewidmet ist. Er beschäftigte sich mit Kernphysik und relativistischer Quantenmechanik sowie Anwendungen zur Theorie der Neutrinos.

alte Eryx wegen seines der Venus geweihten Heiligtums bekannt. Vom Tempel ist nichts mehr erhalten, doch das älteste Stück der 700 Meter langen Stadtmauer ist auf das 8. bis 6. Jh. v. Chr. datiert. Die trutzige Stadt gehört zu den Borghi più belli d'Italia (S. 117) und bezaubert mit ihren Türmen, Torbogen, Stadtmauern und Kirchen in einem Labyrinth aus Kieselsteinga,ssen.

Sehenswert

Castello di Venere und Castello di Pepoli

| Kastell |

Das zinnengekrönte Castello di Venere (12./13. Jh.) wurde auf den Resten des antiken Tempels der Venus Erycina erbaut. Gegenüber liegt das Castello di Pepoli mit drei Wachtürmen. Vom höchsten Punkt Erices aus hat man einen atemberaubenden Ausblick.

■ Largo Castello, www.fondazioneericearte.org, April–Okt. tgl. 10–18, Juli, Sept. bis 19, Aug. bis 20 Uhr, 5 €, 12 € mit Museum u. Torretta Pepoli

Chiesa Matrice

| Kirche |

Nahe der Porta Trapani befindet sich die Kirche mit ihrem versetzt stehenden, 28 Meter hohen Turm, die 1341 aus antiken Steinen im typisch sizilianischen Chiaramonte-Stil errichtet wurde. Der dreischiffige neogotische Innenraum stammt aus dem 19. Jh.

■ V. Vito Carvini, April, Mai, Juni, Okt. 10–18, Juli, Sept. bis 19, Aug. bis 20 Uhr, 2,50 €

Einkaufen

Pasticceria Maria Grammatico Das Rezept der besten »pasta di mandorle« Siziliens bekam Maria von Franziskanerschwestern. Ein Muss: die warmen »genovesi«, gefülltes Mürbeteiggebäck. ■ V. V. Emanuele 14, Tel. 0923/869390, tgl. 9–24, im Winter bis 21 Uhr

Verkehrsmittel

Funivia Trapani–Erice Zehn Minuten lang genießt man den großartigen Rundblick von der Seilbahn zwischen Trapani und Erice. ■ Erice Vetta, Tel. 0923/869720, www.funiviaerice.it, einfach 6,50 €, hin und zurück 11 €

Im Blickpunkt

Süße Versuchung

Das sizilianische Mandelgebäck wird mit »pasta di mandorle« zubereitet, einem Teig hauptsächlich aus Eiweiß und fein gemahlenen Mittelmeermandeln, und zum Kaffee genossen. Aus Marzipanteig (»pasta reale«) werden Früchte aller Art modelliert und mit pflanzlichen Farbstoffen so realistisch gefärbt und bemalt, dass sie wie echt aussehen. Zu Ostern gibt es kleine Osterlämmer und weitere religiöse Symbole.

13 Trapani

Das antike Drepanon mit einer einmaligen Karfreitagsprozession

Information

■ Piazzetta Saturno, 91100 Trapani, Tel. 09 23/54 45 33

Die Provinzhauptstadt liegt auf einer Landzunge gegenüber den Ägadischen Inseln. Das griechische Drepanon stand unter arabischer, normannischer und spanischer Herrschaft. Im 15. Jh. bauten die Aragonier die Salinen aus, die mit dem Thunfischfang zum wichtigsten Wirtschaftsfaktor wurden. Die Altstadt ist von barocker Architektur geprägt, während die schachbrettartige Neustadt nach den Zerstörungen des Zweiten Weltkrieges entstand. Touristen fahren von hier zu den nahe gelegenen Inseln.

Karfreitagsprozession in der Altstadt von Trapani

Sehenswert

Chiesa Anime Sante del Purgatorio

| Kirche |

In der Barockkirche von 1688 werden 20 große, tonnenschwere Holzfiguren aus dem 17. und 18. Jh. aufbewahrt, welche die Passion Christi zeigen.

■ V. San Francesco d'Assisi 33, www.chiesamisteri.it, Mo–Sa 7.45–12, 16–19, So, Fei ab 9 Uhr

Museo Agostino Pepoli

| Museum |

In dem ehemaligen Karmeliterkloster, an das die Wallfahrtskirche Santuario dell'Annunciata anschließt, werden archäologische Funde, sizilianische Kunst sowie die handwerkliche Verarbeitung der roten Koralle gezeigt, die hier im 16. Jh. florierte.

■ V. Conte A. Pepoli 180, Tel. 09 23/55 32 69, Di–Sa 9–17, So bis 13 Uhr, 6 €, erm. 3 €

Restaurants

€ | Al Solito Posto Traditionelle Küche mit der typischen frischen Pasta »busiate« mit Thunfischragout. Nahe dem Lungomare Alighieri. ■ V. Orlandini 30A, Tel. 09 23/245 45, www.alsolitopostotrattoria.it, Mo–Sa 11–15 u. 19.30–23 Uhr

€€ | Cantina Siciliana Im alten jüdischen Viertel gibt es lokale Gerichte wie Fisch-Couscous und eine Wunderkammer mit traditionellen Majoliken und anderen Objekten. ■ V. Giudecca 36, Tel. 09 23/286 73, www.cantinasiciliana.it, tgl. 12.45–15, 19.15–23 Uhr

Cafés

Gelateria Liparoti »Granite« aus Mandeln, Maulbeeren und Jasminblüten – Meerblick inklusive. ■ V. delle Sirene 21, Mobil 389/299 80 96, tgl. 16–1 Uhr

Einkaufen

Mercato del Pesce In der Nähe vom Hafen gibt es einen täglichen Fischmarkt, auch mit typischen Produkten wie Bottarga. ■ V. Cristoforo Colombo 3, tgl. 6–12 Uhr

Im Blickpunkt

I Misteri di Trapani

Während der Karwoche zelebrieren viele Karfreitagsprozessionen den religiösen Höhepunkt des Jahres; die Prozession in Trapani zählt zu den Highlights. Gegen 14 Uhr verlassen 20 Holzstatuen (Misteri), eine für jede der 20 Zünfte, die Kirche del Purgatorio. Auf den Schultern werden sie im Wiegeschritt über 20 Stunden durch die Stadt getragen. In der Nacht begleitet ein Meer aus Kerzen und trauriger Blasmusik die Prozession.

www.unionemaestranze.it

In der Umgebung

Riserva Naturale Orientata Saline di Trapani e Paceco

| Naturschutzgebiet |

Schöne Salinen mit restaurierten Windmühlen

Im Süden Trapanis erstreckt sich das 1995 gegründete, von Salinenfeldern und restaurierten Windmühlen geprägte Reservat. Die Salzgewinnung hatte hier Ende des 19. Jh.s ihren Höhepunkt, danach verlor sie an wirtschaftlicher Bedeutung. Zum Großteil vom WWF verwaltet, beeindruckt das 1000 Hektar große Areal vor allem bei Sonnenuntergang: Die Salzfelder färben sich dann rot, orange oder gelb und werden zu spektakulären Fotomotiven. Im Herbst und Frühling kann man Zugvögel, Flamingos und Reiher beobachten, während man zwischen Juli und September die Salzernte erlebt. Das Reservat erkundet man am besten auf dem zehn Kilometer langen Radweg und genießt von hier aus fantastische Ausblicke auf die Ägadischen Inseln und Erice. In einer Windmühle sind Geräte zur Salzgewinnung ausgestellt.

■ WWF-Zentrum bei der Windmühle Maria Stella, Straße SP 21, Tel. 09 23/86 77 00, www.wwfsalineditrapani.it, Führungen Mi, Sa

■ Museo del Sale, V. Chiusa, 91027 Nubia, Mobil 338/92 45 34 77, www.salineculcasi.it, 12 €, erm. 10 €

14 Ägadische Inseln

Beliebtes Ferienziel für Wasserratten und Taucher

Information

■ Comune di Favignana, 91023 Favignana, Tel. 09 23/92 54 43, www.comune.favignana.tp.it

■ Fährverbindungen siehe S. 135

15 Seemeilen trennen den Archipel von der sizilianischen Westküste, der aus den Inseln Favignana, Levanzo, Marettimo und den Eilanden Maraone und Formica besteht. Die fischreichen Gewässer, der Thunfischfang und der

Türkisfarbenes Meer in der Cala del Passo auf der Insel Favignana

Tuffsteinabbau sorgten für einen gewissen Wohlstand der schon in der Vorgeschichte besiedelten Inseln: In der per Boot erreichbaren Grotta del Genovese auf Levanzo wurden 11 000 bis 12 000 Jahre alte Ritzzeichnungen gefunden. Die glasklaren türkisfarbenen Gewässer gehören mit knapp 54 000 Hektar zum größten Marinereservat des Mittelmeers. Unterwasserfans entdecken hier eine große Ansammlung aus Neptungras und treffen mit etwas Glück auf die Unechte Karettschildkröte (Caretta caretta) und die vom Aussterben bedrohte Mönchsrobbe. Die mysteriöse spanische Burg über der Punta Troia thront einsam auf dem bergigen und herben Marettimo, das über 500 Pflanzenarten und die größte Kolonie von Sturmschwalben beherbergt. In der Altstadt von Favignana, dem Hauptort der gleichnamigen größten Archipel-Insel, flanieren die Touristen am Abend zwischen Piazza Europa und Piazza Madrice vorbei am Palazzo Florio im neogotischen Stil. Die zerklüftete Küste der Insel mit tiefen Einschnitten, Buchten, Höhlen und Grotten entdeckt man am besten mit dem Boot.

Sehenswert

Ex Stabilimento Florio delle Tonnare di Favignana e Formica

| Museum |

Die ehemalige Thunfischfabrik auf Favignana mit schönem Blick aufs Meer ist heute ein Kulturzentrum, das Einblicke in die Geschichte der »mattanza« (Thunfischfang) und der Thunfischkonservierung bietet.

■ V. Amendola 29, 91023 Favignana, Tel. 09 23/92 00 54, www.tonnarafloriofavignana.it, im Sommer 9.30–13.30 u. 16–20 Uhr, 9 €, erm. 4 €

Der Arco dell'Elefante – Wahrzeichen der Insel Pantelleria

15 Insel Pantelleria

Vulkaninsel mit natürlicher Sauna und »dammusi«

Information

■ Lungomare Borsellino, 91017 Pantelleria, Mobil 334/390 93 60, www.prolocopantelleria.it

■ Fährverbindungen siehe S. 135

Die größte der kleinen sizilianischen Inseln gehört zur Provinz Trapani und liegt knapp 70 Kilometer vor der tunesischen und 95 Kilometer vor der italienischen Küste. Ihren vulkanischen Ursprung bezeugen Wasserdampffontänen, Rauchsäulen und Thermalquellen. In Sibà kann man die natürliche Sauna »bagno asciutto« mit Wasserdampf um ca. 40 °C zu Fuß erreichen. Die Insel wartet mit einer einzigartigen Landschaft auf: Felsbogen wie den Arco dell'Elefante, das Wahrzeichen der Insel, schöne Buchten wie die Cala Cinque Denti, den See Specchio di Venere oder den 836 Meter hohen Berg Montagna Grande mit seiner vielfältigen Flora. Typisch ist die 900 Jahre alte Architektur der »dammusi«. Dieses arabische Erbe wird heute für moderne Häuser verwendet. Die terrassierten, mit Gemüse und Weinreben bebauten Felder sind sehr fruchtbar. Pantelleria ist für Kapern und die Weine Passito und Zibibbo bekannt: 2014 wurde die landwirtschaftliche Praxis der »Vite ad alberello di Pantelleria« zum immateriellen Kulturerbe der UNESCO erkoren.

Restaurants

€ | **Strit Fuid** Einfache und leckere Gerichte aus lokalen frischen Produkten, Couscous und Panini, auch zum Mitnehmen. ■ V. Catania 8, Mobil 389/790 98 34

16 Marsala

Berühmt wegen seiner edlen Tropfen, der Einheit Italiens und des antiken Motya

Information

■ Porta Garibaldi, 91025 Marsala, Mobil 393/427 78 27, www.turismocomunemarsala.com

1860 begann hier der Siegeszug der Mille unter dem Kommando von Freiheitskämpfer Giuseppe Garibaldi gegen die bourbonischen Truppen. Der Engländer John Woodhouse wählte das antike Lilybaeum für seinen Dessertwein, der mit dem Portwein konkurrieren sollte. Ihren Namen verdankt die Stadt den Arabern, die sie »Marsa-al-Allah« (Gottes Hafen) nannten.

Sehenswert

Museo Archeologico Baglio Anselmi

| Museum |

Herzstück des Museums mit archäologischem Park ist das Wrack eines punischen Schiffes aus der Mitte des 3. Jh. v. Chr., das die Geschichte des antiken Marsala illustriert.

■ Lungomare Boeo 34, Tel. 09 23/95 25 35, Mi–Sa 9–17.30, Di, So 9–12.30 Uhr, 4 €

Restaurants

€€ | **Da Pino** Beim Fischmarkt große Vielfalt an Antipasti, Couscous und frischem Fisch – mit Passito und Marsala. ■ V. S. Lorenzo 27, Tel. 09 23/71 56 52, www.trattoriadapino.it, So nur mittags

Einkaufen

Florio Führungen mit Verkostung von vier berühmten Weinen in der traditionsreichen Kellerei (1833). ■ V. Vincenzo Florio 1, Tel. 09 23/78 13 05/317, www.duca.it, Mo–Fr 9–18, Sa 9–13 Uhr auf Voranmeldung, 13 € (inkl. Verkostung)

In der Umgebung

Mozia

| Insel |

Die Insel gehört zum Naturreservat Laguna del Stagnone. Hier entdeckt man idyllische Salinen und Windmühlen sowie die Ausgrabungen der antiken phönizischen Hafenstadt Motya (Mozia), die 397 v. Chr. von Syrakus zerstört wurde. Bei ruhigem Meer

Salzfelder mit Windmühlen auf den Isole dello Stagnone di Marsala

Der »Tanzende Satyr« im Museo del Satiro Danzante in Mazara del Vallo

kann man die Reste einer antiken Straße im Wasser erkennen. Im Museum bewundert man die Marmorstatue eines jungen Mannes aus dem 5. Jh. v. Chr.

■ Museo Isola di Mozia, www.museodimozia.it, Mobil 349/625 65 08, April–Okt. 10–14, 15–19, Nov.–März 9–15 Uhr, 10 €, erm. 6 €; Bootsverbindung Laguna dello Stagnone, Mobil 339/490 40 90

17 Mazara del Vallo

Maghrebinisches Flair und tanzender Satyr

Information

■ Via XX Settembre 5, Tel. 09 23/94 46 10, 91026 Mazara del Vallo

Einst besaß die Hafenstadt, die an der Mündung des Flusses Mazarò liegt, die größte Fischereiflotte Italiens. Heute ankern hier nur noch knapp 90 Fischerboote im Hafen, trotzdem ist das Bild der Masten über dem Wasser nach wie vor beeindruckend. Die über 2000 ursprünglich tunesischen Einwohner sind heute oft im Weinbau tätig. Das Kasbah-Viertel in der Nähe des Hafens prägt das Stadtbild.

Sehenswert

Museo del Satiro Danzante

| Museum |

Die lebensgroße Bronzestatue aus dem 4. Jh. v. Chr. zieht mit ihrer sinnlichen Grazie jeden Betrachter in den Bann. Das Kunstwerk, stammt vermutlich von einem Schüler von Praxiteles und wurde 1998 zufällig von einem Fischer gefunden.

■ P.za Plebiscito (Kirche Sant'Egidio), Tel. 09 23/93 39 17, tgl. 9–19 Uhr, 6 €, erm. 3 €

Übernachten

Naturschutzgebiete und Strände laden zum Verweilen an der Küste ein. Daher bieten Hotels für Familien auch Aufenthalte mit Halbpension an. In den Städten locken traditionelle Hotels und B&Bs, auf den Inseln Resorts und »dammusi«.

Alcamo 38

€ | **Hotel Centrale** In einem alten Palazzo komfortable Zimmer mit gutem eigenem Restaurant. ■ V. G. Amendola 24, 91011 Alcamo, Tel. 09 24/50 78 45, www.hotelcentrale.sicilia.it

Castellammare del Golfo 38

€ | **Cala Marina** An der Bucht Zimmer mit Meerblick oder mit kleinem Patio und Garten. ■ V. Don L. Zangara 1, 91014 Castellammare del Golfo, Tel. 09 24/53 18 41, www.hotelcalamarina.it

San Vito Lo Capo 41

€€ | **Hotel Soffio d'Estate** Nahe am Strand große Zimmer mit Frühstück auf einer Veranda. ■ V. Dante Alighieri 7, 91010 San Vito Lo Capo, Tel. 09 23/ 97 25 12, www.hotelsoffiodestate.com

Erice 41

€ | **Hotel Moderno** In der Altstadt gemütliche Zimmer mit schöner Panoramaterrasse. ■ V. Vittorio Emanuele 67, 91016 Erice, Tel. 09 23/86 93 00, www.hotelmodernoerice.it

Trapani 43

€ | **B&B Ai Lumi** Schlicht eingerichtete Zimmer in einem ruhigen Palazzo. Typisches sizilianisches Frühstück aus hausgemachten Kuchen. ■ C.so Vittorio Emanuele 71, 91100 Trapani, Tel. 09 23/54 09 22, www.ailumi.it

€€ | **Hotel Crystal** Das zentral gelegene Hotel bietet 70 modern eingerichtete Zimmer mit allem Komfort. ■ P.za Umberto I, 91100 Trapani, Tel. 09 23/200 00, www.crystalhoteltrapani.it

Favignana 44

€€€ | **I Pretti Resort** Resort am Hafen mit großzügigen Zimmern, schönem Meerblick von der Terrasse und fürstlichem Frühstück. ■ Largo S. Leonardo 1, 91023 Favignana, Tel. 09 23/92 15 76, www.iprettiresort.it

Marsala 46

€€ | **Hotel Carmine** Charmantes Hotel in einem ehemaligen Karmeliterkloster. Im Sommer wird das Frühstück im Palmengarten serviert. ■ P.za Carmine 16, 91025 Marsala, Tel. 09 23/71 19 07, www.hotelcarmine.it

Pantelleria 46

€€ | **Dammusi Sciuvechi Resort** »Dammusi« mitten in unversehrter Natur auf einer Anhöhe, nur 700 Meter vom Meer entfernt. ■ Sciuvechi, 91017 Pantelleria, Mobil 338/979 74 29, www.dammusisciuvechi.it

Der Südwesten und die Mitte

Antike und neue Schätze schmücken die wunderschöne Landschaft und machen sie unvergesslich

Wie ein Schrein bewahrt diese Ecke Siziliens kostbare Schätze auf, die Geschichte geschrieben haben: Ein Spaziergang im archäologischen Park von Selinunt mit Blick aufs Meer oder im Tal der Tempel bei dem bezauberndsten Ensemble der Antike zählt zu den Highlights jeder Sizilien-Reise und prägt sich ins Gedächtnis ein. Verlässt man die kilometerlangen Sandstrände mit Dünen und felsigen Küstenstrecken, entdeckt man eine schöne, von der Sonne verwöhnte Landschaft, reich an Weinbergen, Olivenbäumen, Kaktusfeigen und allerlei Gemüse und Obst. Ein landwirtschaftliches Paradies erwartet den Besucher mit berühmten Weinen, schmackhaften Olivenölen und sonnenreifen Produkten aus den Terre Sicane. Dramatische Panoramen und einzigartige Ortschaften, die heute noch alte Traditionen pflegen, schmücken seit Jahrhunderten das Innere der Insel und warten nur darauf, entdeckt zu werden. Hier verstecken sich rare Juwelen wie die Mosaiken der römischen Villa in Piazza Armerina. Auf hoher See lassen sich die Pelagischen Inseln seit ewigen Zeiten von Wind und Sonne liebkosen, als hätte sie jemand absichtlich am südlichsten Punkt Italiens platziert, um Urlaubern ein türkisblaues Dorado und Fischern und Seeleuten einen sicheren Hafen zu schenken, der seit Jahrzehnten Flüchtlingen neue Hoffnung gibt.

In diesem Kapitel:

ADAC Top Tipps:

3 Parco Archeologico di Selinunte

| Archäologische Stätte |

Im 270 Hektar großen archäologischen Park an einem spektakulären Kap erlebt man Antike und Natur im Einklang. ... 53

Valle dei Templi, Agrigent

| Archäologische Stätte |

Ein ganzes Tal bewahrt die Geheimnisse der antiken griechischen Götter und bezaubert Jung und Alt. 58

Villa Romana del Casale, Piazza Armerina

| Mosaik |

Verblüffendes Mosaik mit Darstellungen vom Alltag der alten Römer in gebirgiger Region. 64

ADAC Empfehlungen:

Karfreitagsprozession, Enna

| Prozession |

Beeindruckende Karfreitagsprozession mit in Kutten gehüllten Männern. 64

La Foresteria, Menfi

| Hotel |

Luxuriöse Oase der Ruhe inmitten von Weinreben und Olivenbäumen mit Blick aufs Meer. 66

18 Gibellina

Reißbrettstadt und Land Art erinnern an ein verheerendes Erdbeben

1968 zerstörte ein Erdbeben die Stadt im Belice-Tal. Erst 15 Jahre später wurde Gibellina Nuova 15 Kilometer westlich der alten Stadt erbaut. Viele Künstler stifteten für die moderne, nüchterne Stadt vom Reißbrett Kunstwerke.

Sehenswert

Museo d'Arte Contemporanea

| Museum |

In dem Museum für zeitgenössische Kunst wird ein Großteil der Künstlerspenden aus aller Welt gezeigt.

■ V.le Segesta, 91024 Gibellina Nuova, www.macgibellina.it, Tel. 09 24/52 48 82, Di–So 10–12.30, 15–17.30 Uhr, 7 €, erm. 4 €

Il Cretto, Gibellina Vecchia

| Denkmal |

Im alten, vom Erdbeben zerstörten Gibellina bedeckte der Bildhauer Alberto Burri (1915–1995) zwischen 1984 und 1989 einige Ruinen mit weißem Beton, sodass die darin entstandenen Risse ein gespenstisches und mahnendes Bild erzeugen.

■ Nach Gibellina Vecchia kommt man, indem man von Gibellina Nuova die SS 188 nach Santa Ninfa nimmt, bis zur SS 119 fährt und dann der Beschilderung »Gibellina Ruderi« Richtung Alcamo folgt.

19 Castelvetrano

Antike Tempelruinen und Natur im Einklang

Information

■ V. G. Caboto, 91022 Castelvetrano, Tel. 09 24/462 51

Die Stadt mit einer hübschen Altstadt, die stark arabisch geprägt ist, ist vor allem wegen der Tempelruinen von Selinunt bekannt. Neben dem Besuch des archäologischen Parks kann man in Marinella di Selinunte am weiten Sand-

Il Cretto – die unter Beton begrabenen Ruinen des alten Gibellina

strand ein Sonnenbad nehmen. Täglich wird frisch gefangener Fisch auf der Piazza Empedocle verkauft.

Sehenswert

Parco Archeologico di Selinunte

| Archäologische Stätte |

Europas größter archäologischer Park mit Blick aufs Meer

Die dorischen Tempel liegen verstreut in dem Ausgrabungsgelände mit Meerblick. Die hoch emporragenden acht Tempel bezeugen die Größe der antiken Stadt, in der in deren Blütezeit mehr als 100 000 Menschen lebten. Im 7. Jh. v. Chr. als Tochterkolonie von Megara Hiblaea gegründet, wurde Selinunt von den Karthagern 490 v. Chr. zerstört, danach wieder aufgebaut, im Ersten Punischen Krieg 250 v. Chr. endgültig geräumt und anschließend von den Römern zerstört. Auf der vergessenen, vom Sand verschluckten Stadt wuchs jahrhundertelang nur wilder Sellerie, von dem ihr Name stammt.

Zur östlichen Tempelgruppe zählt mit den Tempeln G und F auch der am besten erhaltene und daher eindrucksvollste Tempel E: 465 v. Chr. beendet, misst er 28 mal 60 Meter und wurde in den 1950er-Jahren teilweise wiederaufgebaut. Einen faszinierenden und dramatischen Blick auf ihn genießt man von der Akropolis, die sich steil über der Küste erhebt. Hier oben befinden sich auch die Tempelruinen A bis D sowie O: Die Ruine C ist der größte und älteste Tempel (580–550 v. Chr.) der Akropolis.

■ V. Selinunte, 91022 Marinella di Selinunte, Tel. 09 24/46277, https://parchiarcheologici.regione.sicilia.it, Mai–Mitte Sept. tgl. 9–20, Mitte Sept.–Okt. bis 18, Nov.–März bis 17, April bis 19 Uhr, 8 €, erm. 4 €

Restaurants

€ | **Da Giovanni** In der einfachen Trattoria genießt man leckere Nudelgerichte wie »caserecce« mit Schweinefleischragout. ■ V. Milazzo 26, Tel. 09 24/890 53, Mo–Sa 12–15.30, 18.30–21 Uhr

Einkaufen

La Bottega del Pane Bei Frau Rizzo findet man das typische, bis zu einer Woche lang knusprige »pane nero«. ■ V. Giuseppe Garibaldi 85, Tel. 09 24/810 88, Mo–Sa 6–14, 16–21 Uhr

In der Umgebung

Chiesa della Santissima Trinità

| Kirche |

Die Normannenkirche (12. Jh.) im arabisch-byzantinischen Stil liegt in einem Park und misst etwa zehn mal zehn Meter. Sie besticht mit dem kubischen Zentralbau auf dem Grundriss in Form eines griechischen Kreuzes.

■ V. S.S. Trinità 69, 93010 Delia, Mobil 366/879 93 56, www.distrettoturisticoselinuntino.it

20 Menfi

Weinstadt, in der noch alte Traditionen gepflegt werden

Information

■ Biblioteca Comunale, Via Ognibene 4, 92013 Menfi, Tel. 09 25/702 46

Eine sanfte Hügellandschaft mit Weinbergen, Olivenhainen und Artischockenfeldern umrahmt die Stadt Menfi, die noch traditionelle Rituale pflegt wie das abendliche Treffen auf der

Hauptstraße Via della Vittoria und der Piazza Vittorio Emanuele III. Hier gibt es die Reste einer Burg, die Friedrich II. 1238 erbauen ließ und die 1968 vom Erdbeben zerstört wurde. Auf dem Platz mit einem schönen Belvedere steht der 1683 erbaute Palazzo Pignatelli, der eine interessante Sammlung von Muscheln beherbergt. Im Innenhof des Palazzo Planeta gedeiht eine 180 Jahre alte, enorme Bougainvillea.

Restaurants

€€ | **Il Vigneto** Seit 1983 bietet das Restaurant mit schöner Pergola schmackhafte Spezialitäten wie Nudeln mit grünen Saubohnen, Ricotta und Wildfenchel. ■ Via Porto Palo, Tel. 09 25/ 195 51 91, www.ristoranteilvigneto.com

Im Blickpunkt

Weintradition

Die Region Terre Sicane ist wegen ihrer Weinproduktion weltweit bekannt: Hier werden autochthone Rebsorten wie Grecanico, Grillo und Nero d'Avola angebaut von eingeführten Winzern wie Planeta (www.planeta.it) und Newcomern wie den Cantine Barbera (www.cantinebarbera.com). Der Wein verdankt seinen besonderen Geschmack der gelungenen Symbiose aus Licht, Temperatur und Meeresbrise. Einige Weinreben gedeihen sogar in Strandnähe, wie die der Cantine Settesoli: Die größte Winzergenossenschaft Siziliens mit etwa 6500 Hektar Rebfläche hat über 2000 Mitglieder.

Einkaufen

Goccia d'Oro Bei der landwirtschaftlichen Genossenschaft wird das Öl Feudotto verkauft, das intensiv nach Meer, Äpfeln und Artischocken duftet. ■ Contrada Feudotto, Tel. 09 25/74510, www.gocciadoro.com, Mo–Fr 9–13.30 u. 15–17.30 Uhr

Cantine Settesoli Im Shop der Weinkellerei gibt es auch renommierte Weine wie den weißen Urra di Mare der Linea Mandrarossa. ■ SS 115, Tel. 09 25/77111, www.cantinesettesoli.it, So geschl.

Sport

Die **ehemalige Bahnstrecke Castelvetrano–Ribera** ist in einen insgesamt knapp 20 Kilometer langen Radweg umgewandelt worden. Von Menfi aus radelt man etwa sieben Kilometer nach Porto Palo. ■ Start: an der Straße SP 679, in der Nähe der Weinkellerei Cantine Settesoli

In der Umgebung

Porto Palo

| Strand |

Eine Strandpromenade mit einem 800 Meter langen und sechs Meter breiten, beleuchteten Steg schmückt den Strand in dem kleinen Fischerort, über dem ein viereckiger, im Jahr 1583 erbauter Turm thront. Wegen des klaren und sauberen Wassers bekommen die Strände Cipollazzo und Lido Fiori Bertolino seit 1998 ununterbrochen die Umweltauszeichnung Blaue Flagge (Bandiera Blu). Auf den kleinen Sanddünen des Strands, der zum größten Teil frei zugänglich ist, blühen Wildlilien.

Weinberg der Kellerei Planeta Ulmo am Lago Arancio in Sambuca di Sicilia

21 Sambuca di Sicilia

Wurde im Jahr 2016 zum schönsten Dorf Italiens gekürt – zu Recht

Information

■ C.so Umberto I, 92017 Sambuca di Sicilia, Mobil 391/706 55 31, www.prolocosambuca.it

■ Parken: C.so Umberto I, V. Belvedere

Steil führt die Straße hoch Richtung Belvedere im schönsten Borgo Italiens 2016 (S. 117). Von dort genießt man einen herrlichen Blick. Talabwärts geht man vorbei an der Zitadelle, am Corso Umberto I stehen Barockgebäude.

Sehenswert

Chiesa Madre

| Kirche |

Die dreischiffige Kirche ragt aus dem arabischen Stadtkern: Sie wurde 1420 errichtet und besticht mit in Tuffstein gehauenen Figuren und einem großen viereckigen Turm mit bunten Ziegeln.

■ P.za Baldi Centellis

Arabisches Viertel

| Altstadt |

Die im Jahr 827 erbaute Zitadelle Zabut verdankt ihren Namen ihrem Gründer, dem arabischen Emir Al Zabut. Der historische Stadtkern besteht noch heute aus einem engen Gassenlabyrinth, in dem auch Schilder auf Arabisch hängen.

Cafés

Pasticceria Enrico Pendola Hier gibt es die lokale Spezialität »Minni di virgini«, ein Mürbeteiggebäck mit Füllung aus Kürbismarmelade. Der Überlieferung nach erfand die Nonne Virginia die süße Verführung 1725. ■ V. Baglio Grande 42, Tel. 09 25/94 10 80, Mo geschl.

22 Agrigent (Agrigento)

Stadt mit antiken Kostbarkeiten über saphirblauem Meer

Der Tempel der Hera (Tempio di Giunone) in der Valle dei Templi bei Agrigent

Information

■ V. Atenea 274, 92100 Agrigent, Tel. 09 22/59 01 41, www.prolocoagrigento.it
■ Parken siehe S. 60

Hoch liegt die mittelalterliche Altstadt auf einem Felsen, deren Aussicht aber leider von Hochhäusern verstellt wird. Die Vorfreude auf eine der bekanntesten Städte weltweit ist damit verdorben, doch sobald man das Zentrum erreicht hat, versöhnt man sich wieder mit der »schönsten der sterblichen Städte«, wie der griechische Dichter Pindar im 5. Jh. v. Chr. das alte Akragas bezeichnete.

An der Piazza Aldo Moro beginnt der traditionelle Stadtbummel auf der Flaniermeile Via Atenea. Ab und zu öffnen sich seitlich kleine steile Gassen, die den Hügel hinaufführen, und man entdeckt unerwartete Panoramapunkte mit Meerblick. An der Straße reiht sich ein barocker Palazzo an den nächsten. Wenn man nach oben blickt, sieht man nicht nur raffinierte Verzierungen an den Wänden, sondern auch sonnige Dachterrassen mit Gärten. Modeläden schmücken die lange Achse, die an der Piazza Pirandello am Rathaus endet.

Agrigent ist aber vor allem wegen des Tals der Tempel, das seit 1997 zum

Plan S. 59

UNESCO-Kulturerbe gehört, weltbekannt. Von der oberen, modernen Stadt kommend, fährt man staunend an diesem einzigartigen Tal vorbei, das nicht nur Liebhaber der Antike begeistert.

Agrigent rühmt sich in der Umgebung aber auch des hinreißenden weißen Strandes Scala dei Turchi und der viel besuchten langen Strände von San Leone und Porto Empedocle aus feinem weißem Sand. Porto Empedocle ist auch Geburtsort des Schriftstellers Andrea Camilleri (*1925), des Schöpfers von Commissario Montalbano, und des Literatur-Nobelpreisträgers Luigi Pirandello (1867–1936).

Sehenswert

1 Cattedrale di San Gerlando

| Dom |

Mit seinem unvollendeten Kirchturm erhebt sich das Ende des 11. Jh. im normannischen Stil erbaute Gotteshaus majestätisch am höchsten Punkt der Altstadt. Die schlichte Fassade erreicht man auf einer breiten Freitreppe, von der man einen schönen Panoramablick bis zur Küste hat. Innen bestaunt man die reich mit Heiligen, Bischöfen und Adelswappen bemalte Holzdecke.

■ V. Duomo 112, www.cattedraleagrigento.com, tgl. 10–19 Uhr, mit Museo Diocesano 6 €

ADAC Wussten Sie schon?

Im Archiv der Kathedrale wird der »Brief des Teufels« aufbewahrt, eine Handschrift aus dem 17. Jh. in einer unbekannten Sprache, die an eine Nonne adressiert war. Darüber schrieb auch Giuseppe Tomasi di Lampedusa in seinem Roman »Der Leopard«.

2 Santa Maria dei Greci

| Kirche |

Zugang zu der kleinen Kirche aus dem 12. Jh. in normannischem Stil hat man durch den grünen Hof. Innen kann man durch einen Glasboden die Reste des dorischen Tempels aus dem 5. Jh. v. Chr. bewundern, auf dem die Kirche erbaut wurde.

■ Sal. Santa Maria dei Greci, tgl. 10–19 Uhr, 2 €

Der Giardino della Kolymbethra liegt mitten im Tal der Tempel

Teatro Luigi Pirandello

| Theater |

Dem berühmten Sohn der Stadt, dem Schriftsteller und Nobelpreisträger Luigi Pirandello (1867–1936), ist das Schauspielhaus aus dem Jahr 1870 gewidmet, das ein vielfältiges Spielprogramm bietet.

■ P.za Pirandello 35, Tel. 09 22/59 02 20, www.fondazioneteatropirandello.it, Besichtigung Mo–Fr 9–13.30, 15–18.30 Uhr, 2,50 €

4 Valle dei Templi

| Archäologische Stätte |

Spaziergang durch die Geschichte des alten Akragas

Im archäologischen Park, der sich unterhalb der modernen Stadt auf einem Vorgebirge mit Blick aufs Meer in wunderschöner Lage befindet, läuft man rückwärts in die Geschichte des von Siedlern aus Gela 581 v. Chr. gegründeten Akragas. Kein Wunder, dass dieser Ort 2017 zum schönsten Landschaftsbild Italiens erkoren wurde! Das Tal ist stummer Zeuge einer glanzvollen Epoche, in der die Stadt bis zu 200 000 Einwohner zählte.

Bei einem Spaziergang trifft man zuerst auf den Heraklestempel (Tempio di Ercole): Um 520 v. Chr. gebaut, ist er der älteste Tempel und hat eine Fläche von etwa 1700 Quadratmetern. Weiter geht es zum Hauptdarsteller: dem imposanten und faszinierenden Concordiatempel (Tempio della Concordia). Das Juwel in dorischer Architektur aus dem 5. Jh. v. Chr. zählt zu den besterhaltenen Tempeln der griechischen Antike und lenkt mit seinen 34 Säulen, den vollendeten Proportionen und seiner Eleganz jeden Blick auf sich. Dass der Tempel so hervorragend erhalten ist, verdankt er seiner Konversion zu einer christlichen Kirche im 7. Jh. n. Chr. Erst 1788 erhielt er seine ursprüngliche antike Form, abgesehen von den Bogen, zurück.

An der äußersten Ostspitze des Tals erhebt sich malerisch der zwischen 440 und 460 v. Chr. erbaute Tempel der Hera (Tempio di Giunone). An den Mauern der Cella erkennt man noch die Spuren des Feuers, das die Stadt 406 v. Chr. zerstörte.

ADAC Mobil

In knapp 15 Minuten erreicht man mit dem Bus (Linien 1 und 2) von der Piazza Rosselli das Tal der Tempel. Einfach 1,20 €, im Bus 1,70 €.

Im westlichen Tempelbereich stößt man auf das Trümmerfeld des enormen Tempels des olympischen Zeus (Tempio di Giove), der eine Gesamtfläche von knapp 6500 Quadratmetern und Säulen mit einem Durchmesser von 4,50 Metern besaß: Das beweisen auch die gigantischen, knapp sieben Meter hohen Telamonen – menschliche Kolossalstatuen, die höchstwahrscheinlich als Stütze zwischen zwei Säulen aufgestellt waren. Eine Tuffsteinkopie liegt im Tempelbereich. Vom Tempel der Dioskuren (Tempio di Castore e Polluce) aus dem 5. Jh. v. Chr. sind nur vier der ursprünglichen Säulen erhalten geblieben – und an der Kante des Tempels eine wunderschöne Rosette.

Auf der anderen Straßenseite befindet sich das Quartiere Ellenistico-Romano, das hellenistisch-römische Stadtviertel, in dem gut erhaltene Fußbodenmosaiken und Reste von Wasserleitungen und Zisternen zu entdecken sind.

■ V. Valle dei Templi, www.parcovalledeitempli.it, tgl. 8.30–20 Uhr, im Sommer länger, 10 €, erm. 5 €, mit Museo Archeologico 13,50 €, erm. 7 €, 1. So im Monat Eintritt frei

5 Giardino della Kolymbethra

| Garten |

Im Herzen des Tals der Tempel erstreckt sich dieser fünf Hektar große, fruchtbare Garten. Er lädt dazu ein, bei einem Picknick Orangen-, Zitronen-, Mandel-, Oliven- und Johannisbrotbäume zu entdecken.

■ Valle dei Templi, Mobil 335/122 90 42, https://fondoambiente.it, Jan., Feb. tgl. 10–15, März–Juni, Okt. bis 18, Juli, Aug. bis 19, Sept. bis 20, Nov., Dez. bis 16 Uhr, 7 €, erm. 5 €

6 Museo Archeologico Regionale »Pietro Griffo«

| Museum |

Eine interessante Sammlung antiker Vasen mit schwarzen und roten Figuren, der Telamon des Zeustempels und

über 5600 weitere Funde werden hier gezeigt.

■ Contrada S. Nicola, Tel. 09 22/40 15 65, tgl. 9–19.30 Uhr, mit Valle dei Templi 16,50 €, erm. 10 €

Parken

Das Parken an den Straßen zur Valle dei Templi ist verboten: Parkplatz in der Contrada S. Anna, V. Caduti di Marzabotto; 3 €, günstige Shuttle-Taxis fahren zum Tempel.

Restaurants

€ | **Trattoria Caico** Schon in der dritten Generation bietet die Trattoria mit Garten Leckeres aus Fisch und Meeresfrüchten. ■ V. Nettuno 35, Tel. 09 22/41 27 88, Mi–Mo 12.30–15, 19.30–23.30 Uhr, Plan S. 59 a3

€€ | **Terracotta** Raffinierte lokale Rezepte aus traditionellem Weizen und Slow-Food-Produkten im Herzen der Stadt. ■ V. Pirandello 1, Mobil 392/686 97 36, www.spaziotemenos.it, Di–So 11–23 Uhr, Plan S. 59 b2

Events

Mandorlo in Fiore Das einwöchige Fest der Mandelblüte zelebriert zwischen Februar und März den Frühlingsbeginn mit Folkloregruppen aus der ganzen Welt – auch im Tal der Tempel.

In der Umgebung

Scala dei Turchi

| Naturspektakel |

Auf dem beeindruckenden »Strand« aus weißen Felsen, die die Natur im Lauf der Jahrhunderte in die Form einer Treppe modelliert hat, kann man spazieren und sich sonnen.

■ 15 km von der Ortschaft Realmonte entfernt: von Agrigent SS 115 Richtung Sciacca nehmen, Ausfahrt Realmonte

Im Blickpunkt

Commissario Salvo Montalbano

Die Kriminalromane des Schriftstellers Andrea Camilleri waren Vorlage für die erfolgreiche Fernsehserie »Commissario Montalbano«, in der man viele Orte der Region wiedererkennen kann: In Ragusa Ibla das Panorama von der Kirche Santa Maria delle Scale aus; in Scicli Montalbanos Büro (Rathaus), das Polizeipräsidium (Palazzo Iacono) und die Apotheke (Antica Farmacia Cartia). Im Schloss Donnafugata trifft sich Montalbano mit dem Mafia-Boss. Auch Montalbanos Stadt Vigata ist kein fiktiver Ort, sondern Camilleris Heimatstadt Porto Empedocle, die 2003 zu seinen Ehren den zweiten Namen »Vigata« erhielt.

23 Pelagische Inseln

Eine einsame Gruppe von Inseln mitten in der Straße von Sizilien

Information

■ V. Roma (Lungomare/P.za Castello), 92010 Lampedusa, Tel. 09 22/97 05 97, www.hubturistico.it

■ Fährverbindungen siehe S. 135

Die kleinen Inseln Lampedusa, Linosa und das unbewohnte Eiland Lampione liegen mitten in der Straße von Sizilien

Die Scala dei Turchi (Treppe der Türken) ist ein monumentaler Felsen bei Realmonte

knapp 100 Kilometer von der tunesischen und 200 Kilometer von der sizilianischen Küste entfernt und markieren den südlichsten Punkt Italiens. Flach, stark erodiert und mit einer kargen Vegetation gehört Lampedusa geologisch zur afrikanischen Kontinentalplatte. Im Norden zeigt sie zerklüftete Steilwände, während es im Süden und Osten Buchten mit weißen Sandstränden wie die Cala Pulcino gibt. Am Strand vor der wegen ihres glasklaren Wassers berühmten Isola dei Conigli legt die geschützte Unechte Karettschildkröte seit einiger Zeit wieder ihre Eier ab: Im WWF-Zentrum werden jährlich 500 Tiere behandelt.

Linosa ist dagegen die Spitze eines unterirdischen Vulkans, hat tiefe Meeresböden und eine ausgefranste Küste von dunkler Farbe und im Inneren fruchtbare Böden um drei Krater: Eine intakte und kontrastreiche Insellandschaft mit über 200 Pflanzenarten und fantastischen Tauchplätzen findet sich hier. Seit 2002 gehört die Inselgruppe zu einem über 4000 Hektar großen marinen Schutzgebiet.

Lampedusa, die wegen der Flüchtlingsströme bekannteste Mittelmeerinsel, wird heute von Touristen wieder gut besucht – auch dank des Dokumentarfilms »Fuocoammare« von Gianfranco Rosi, der 2016 den Goldenen Bären der Berlinale gewann. Ein Spaziergang in der Fußgängerzone am Corso Roma ist ein abendliches Muss.

■ Area Marina Protetta Isole Pelagie, www.ampisolepelagie.it

Restaurants

€ | Trattoria Terranova da Bernardo

Fisch und Meeresfrüchte mit duftenden lokalen Kräutern genießt man in der Slow-Food-Trattoria: Das Menü beginnt mit einem üppigen Vorspeisenangebot. ■ V. Terranova 3, Lampedusa, Tel. 09 22/97 19 25, www.trattoriaterranova.it,

24 Caltanissetta

Die Provinzhauptstadt liegt tief im Inselinneren auf dem Monte San Giuliano

Information

■ Corso Umberto I 138, 93100 Caltanissetta, Tel. 09 34/743 45, www.prolococaltanissetta.com

■ Parken: V. Medaglie d'Oro 1, gegen Gebühr

Die Zeiten des Schwefelabbaus, der seinen Höhepunkt Anfang des 20. Jh. erreichte, sind in der Provinzhauptstadt, die auf dem 600 Meter hohen Berg San Giuliano liegt, vorbei. Heute lädt Caltanissetta auf einen Bummel in die Altstadt ein. Auf dem zentralen Platz Garibaldi dominiert der Brunnen der Tritoni. Von hier gehen zwei Hauptachsen – Corso Vittorio Emanuele I und Corso Umberto – mit mehreren schönen Barockpalästen weg. Auf einem Felsen erinnern die Reste der Burg Pietrarossa an die bedeutende Rolle der Stadt im Mittelalter, als sie die Bastion der Aragonier auf Sizilien war.

Sehenswert

Santa Maria La Nova

| Kathedrale |

In der 1570 erbauten Kirche bestechen die bunten Fresken des flämischen Malers Guglielmo Borremans (1672–1724) am Gewölbe und die mit Stuck verzierten Arkaden und Säulen.

■ P.za Garibaldi, Mo–Sa 7.30–12.30 u. 15.30–19, So 7.30–13 u. 16.30–20 Uhr

Cafés

Pasticceria Lopiano Typische Gebäckspezialitäten wie der »rollo alla ricotta«, eine Biskuitrolle mit Füllung aus Ricotta, und »pasta di mandorle« – ideal auch zum Frühstück. ■ V. P. Togliatti 2, Mobil 349/265 08 70, Mo geschl.

Prunkvolles Inneres mit prächtiger Holzkassettendecke des Doms von Enna

Einkaufen

Markt »Strata ’a foglia« Gemüse und Obst sowie Kräuter aus der Umgebung gibt es jeden Tag auf dem Markt, den bereits Goethe bewunderte. ■ V. Consultore Benintendi, Mo–Sa 7–14 Uhr

25 Enna

Belvedere Siziliens und höchstgelegene Provinzhauptstadt Italiens

Information

■ V. Lombardia (in der Burg), 94100 Enna, Mobil 340/148 26 41

■ Parken: beim Castello oder auf der P.za Europa

In über 900 Meter Höhe von den Monti Erei umgeben und in der geografischen Mitte der Insel liegt die Stadt, die der Grieche Kallimachos als »Nabel Siziliens« beschrieb und heute als Belvedere der Insel gilt. Jeder neue Herrscher musste einst mit der Eroberung der zuerst griechischen, später römischen Stadt rechnen, denn hier konnten sich alle Gegner gut verschanzen: Oft gelang es nur durch List oder Verrat, die Festung wieder zu erobern. Das passierte den Arabern mit den Byzantinern und danach den Normannen mit den Arabern. Die Normannen nannten die Stadt Castrogiovanni. Dank ihrer erhöhten und gleichzeitig zentralen Lage bietet Enna wunderschöne Aussichtspunkte, ein angenehmes Klima im Sommer, aber verschneite winterliche Landschaften. In der Altstadt Enna Alta endet die Hauptachse Via Roma an der Burganlage Castello di Lombardia, dem Wahrzeichen der Stadt.

ADAC Mittendrin

Die **Olivenernte** in den Terre Sicane rund um Menfi (S. 53) beginnt etwa Mitte Oktober. Die Olivenbauern bringen ihre am Vormittag geernteten Oliven zur Ölmühle, damit sie noch am selben Tag gemahlen und gepresst werden. Jeder wartet geduldig, bis seine Oliven gemahlen werden, und beim Warten entwickelt sich ein buntes Treiben, es wird geplaudert und gegessen.

Sehenswert

Castello di Lombardia

| Burg |

Eine der größten sizilianischen Burgen diente den Arabern, den Staufern und schließlich Friedrich von Aragon als Festung. An wolkenlosen Tagen hat man vom Turm Pisana aus einen großartigen Blick auf die umliegenden Berge, Hügel und sogar auf den Ätna und das dunkelblaue Meer Richtung Afrika.

■ V. Lombardia 24, tgl. 10–19, im Winter 9–17 Uhr, 3 €, erm. 1,50 €

Maria Santissima della Visitazione

| Dom |

Eine prächtige Holzkassettendecke schmückt den ursprünglich 1307 im gotischen Stil errichteten Dom, der im 16. Jh. im Barockstil umgebaut wurde. Das Innere der dreischiffigen Kirche ist prunkvoll ausgestattet. Am 2. Juli wird die Madonnenstatue, Schutzpatronin der Stadt, mit ihrer goldenen Krone in einer Prozession mit 101 Böllerschüssen aus der Kirche getragen.

■ P.za Duomo, tgl. 9–13 u. 16–19 Uhr

Torre di Federico II

| Turm |

Der 27 Meter hohe achteckige Turm bietet einen schönen Blick. Man erklimmt ihn über eine in die Mauer eingeschnittene Wendeltreppe. Ob er tatsächlich in der Zeit von Friedrich II. errichtet wurde, ist ungewiss.

■ V. Torre di Federico

Restaurants

€ | **Trattoria La Rustica** Im rustikalen Ambiente gibt es schmackhafte traditionelle Gerichte wie Penne mit gebratenem Brotinneren und Fenchel.

■ V. Gagliano, Tel. 0935/25522, So geschl.

Events

13 **Karfreitagsprozession** Dramatik pur erlebt man in Enna jedes Jahr bei der Karfreitagsprozession: Die mit Fackeln beleuchtete Altstadt wird dann von den Incappucciati (in Kutten gehüllte Männer mit weißer Kapuze) geprägt. Über 2000 Männer tragen in absoluter Stille und nach einer rigorosen Ordnung die Symbole der Passion Christi durch die Altstadt. Die Prozession geht auf die Zeit der spanischen Herrschaft zurück (14.–16. Jh.), als in Enna 34 Bruderschaften existierten. Heute gibt es nur noch 15.

ADAC Wussten Sie schon?

Der »baglio« ist eine typisch sizilianische Architekturform aus dem 16. bis 18. Jh. Meist handelte es sich um einen großen Bauernhof, der in der Mitte einen Innenhof besaß. In den Gebäuden wohnten sowohl Grundbesitzer als auch Landarbeiter.

26 Piazza Armerina

Bezaubernde Mosaik-Villa der alten Römer

Information

■ c/o Comune, Piazzetta Fundro', 94015 Piazza Armerina, Tel. 0935/982357

■ Parken: auf der P.za Europa oder der P.za Falcone Borsellino; vor der Villa Romana del Casale

Die schöne Altstadt mit ihren vielen engen Gassen kriecht den Berg hoch und scheint mit dem riesigen, zwischen 1609 und 1719 erbauten barocken Dom Santissima Assunta direkt in den Himmel zu streben. Im Inneren der Kirche bewundert man ein exquisites, beiderseitig bemaltes Kruzifix von 1485. Die Stadt ist vor allem wegen der Mosaiken der nahen römischen Villa Romana del Casale und des Palio dei Normanni bekannt: Trotz der Sommerhitze findet hier jedes Jahr zwischen dem 12. und dem 14. August ein beeindruckendes Pferderennen in historischen Kostümen statt, das an die Befreiung von der arabischen Herrschaft durch die Normannen erinnert.

Sehenswert

Villa Romana del Casale

| Mosaik |

Erstaunlich gut erhaltene Mosaiken der alten Römer

Fast versteckt in einem Tal birgt die römische Villa einen überaus kostbaren Schatz: eine 3500 Quadratmeter große, mit Fußbodenmosaiken verzierte Fläche, die seit 1997 zum UNESCO-Welterbe gehört. Man kennt den Namen des Besitzers dieser zwischen dem 3. und dem 4. Jh. n. Chr. erbauten Villa zwar bis heute nicht. Er hat jedoch einen spektakulären Mosaikzyklus hinterlassen, der wahrscheinlich von afrikanischen Mosaizisten gefertigt wurde. Zu den unbestrittenen Highlights zählt der »Corridoio della Caccia« mit seinem 66 Meter langen und fünf Meter breiten Fußbodenmosaik: Hier wurden erstaunlich lebendige Großwildjagdszenen beim Verladen der lebenden Wildtiere auf Schiffe verewigt. Gezeigt wird das ganze ehemalige römische Imperium von Marokko bis Indien. Leoparden, Löwen, Elefanten und viele weitere Wildtiere waren für das Kolosseum und den Circo Massimo bestimmt. Im Zimmer der reizenden Bikini-Mädchen bestaunt man die Modetrends der Antike, während mythische Meeresfiguren und Tritonen das Frigidarium zieren. Eine Überschwemmung zerstörte zwar Teile der Villa, bedeckte und schützte jedoch jahrhundertelang die Mosaiken: Sie sind fast völlig intakt geblieben.

■ Contrada Casale, Tel. 0935/680036, www.villaromanadelcasale.it, tgl. 9–18, Juli–Sept. bis 22 Uhr, 10 €, erm. 5 €, 1. So im Monat Eintritt frei

Restaurants

€ | Ristorante Pizzeria da Totò Leckere Gerichte und Pizzen in einer einfachen und familiären Atmosphäre im Stadtzentrum. ■ V. Mazzini 29, Tel. 0935/680153, www.ristorantedatoto.net, tgl. 12–15, 18.30–24 Uhr

€€€ | Al Fogher Die ehemalige Bahnstation ist heute eine Adresse für Feinschmecker: kreative Gerichte aus saisonalen Bio-Produkten. ■ V.le Conte Ruggero, Contr. Bellia, Tel. 0935/684123, Di–Sa 12–15 u. 18–23 Uhr, So nur mittags

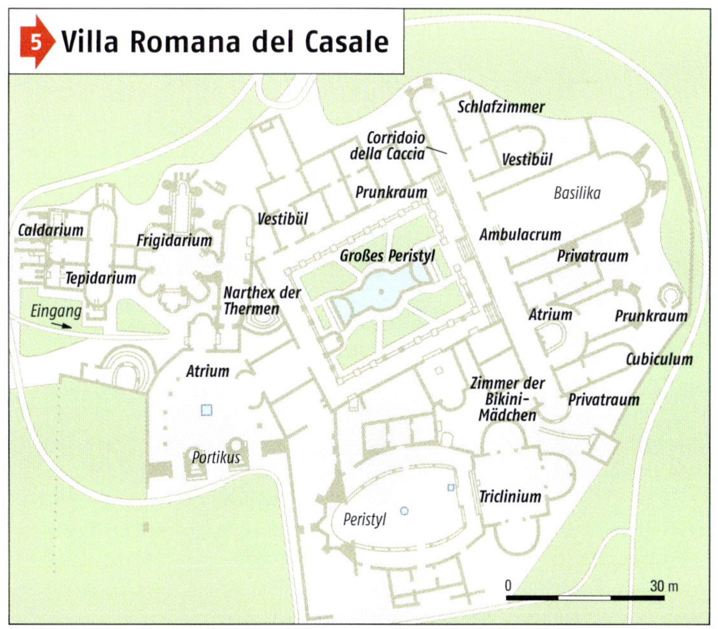

Übernachten

Mit fabelhaften Ausblicken wird der Aufenthalt in den Hotels und Bed & Breakfasts ganz in der Nähe der berühmten Kulturschätze der Region gekrönt. Auf dem Land verstecken sich raffinierte und charmante Hotels, die vor allem Erholung in verkehrsgünstiger Lage anbieten, denn die Sehenswürdigkeiten sind bequem und schnell zu erreichen. Im Inselinneren geben kleinere gemütliche Unterkünfte mit wenigen Zimmern dem Gast das Gefühl, zu Hause zu sein – auch durch ein liebevoll zubereitetes Frühstück. An der Küste erfüllen größere Hotelanlagen die Bedürfnisse eines längeren Familienurlaubs und sind dementsprechend ausgestattet. Für den Strandurlaub stehen in den meisten Badeorten auch private Ferienwohnungen zur Verfügung.

Menfi 53

€–€€ | Khirat Im nachhaltigen Resort an den Hängen eines sanften Hügels liegen mit Panoramablick umgeben von Natur moderne Ferienwohnungen. Den Strand von Porto Palo erreicht man bequem auch mit dem Rad. ■ Contrada Mandrazzi, 92013 Menfi, Mobil 349/21 66 64 55, www.khirat.it

€€ | Il Vigneto Resort Eingebettet in die sanfte Hügellandschaft, in der Nähe der Strände von Porto Palo und der Tempel von Selinunt. Mit Pool, Spa, eigenem, sehr gutem Restaurant und Fahrradverleih. ■ Contrada Gurra di Mare, 92013 Menfi, Tel. 09 25/195 51 91, www.ristoranteilvigneto.com

14 **€€€ | La Foresteria** Oase der Ruhe inmitten der Weinberge. Von der Veranda des von typisch sizilianischen Majoliken geschmückten Resorts genießt man den Blick auf das Meer und die Reben- und Olivenbaumlandschaft. Umgeben vom Duft mediterraner Kräuter, heißen 14 raffiniert ausgestattete Zimmer und ein Speisezimmer mit einem sechs Meter langen Tisch die Gäste willkommen. Zudem gibt es Weindegustationen ganz in der Tradition der Familie Planeta, der das luxuriöse Haus gehört. ■ Contrada Passo di Gurra, ex SS 115 SP 79, km 91, 92013 Menfi, Tel. 09 25/19 55 46 01, www.planetaestate.it

Sambuca di Sicilia 55

€ | Don Giovanni Hotel Die gemütlichen 22 Zimmer blicken auf einen traditionellen »baglio« und auf die hügelige Landschaft ringsum. Das eigene Restaurant bietet typisch sizilianische Menüs. ■ Contrada Pandolfina, 92017 Sambuca di Sicilia, Tel. 09 25/94 25 11, www.dongiovannihotel.it

Agrigent 56

€ | B & B Terrazze di Montelusa Im Herzen der Altstadt bietet das Bed & Breakfast großzügige Zimmer mit fantastischem Blick aufs Meer und das Tal der Tempel. Reichliches Frühstück, bei schönem Wetter auf der Terrasse serviert. ■ P.za Lena 6, 92100 Agrigent, Mobil 349/60 19 959, www.terrazzedimontelusa.it

€ | B & B Arco Ubriaco Wie zu Hause fühlt man sich in dem kleinen B & B in einem der Altstadtgässchen. Das Gebäude wird von einem imposanten Gewölbe geschmückt. Leckeres Frühstück mit hausgemachten Konfitüren. ■ V. Sferri 12, 92100 Agrigent, Tel. 09 22/ 59 40 24

€€€ | Baia di Ulisse Knapp 90 mit jedem Komfort ausgestattete Zimmer im klassischen Stil mit Blick aufs Meer oder in den Garten. Privater Strand und Wellnessbereich. ■ V. Lacco Ameno, 92100 Agrigent, Tel. 09 22/41 76 39, www.baiadiulisse.com

€€€ | Hotel Foresteria Baglio della Luna Im von Mandel- und Olivenbäumen umgebenen Boutique-Hotel sind einige der 23 Zimmer mit alten Möbeln eingerichtet. Wunderschöner Panoramablick auf das Tal der Tempel. ■ V. Serafino Amabile Guastella 1C, 92100 Agrigent, Tel. 09 22/51 10 61

Schwimmen inmitten von Weinbergen im Resort La Foresteria in Menfi

Lampedusa 60

€€ | Hotel Martello Das ideale Hotel für Familien mit Blick auf den kleinen Hafen bietet gemütliche Zimmer und ein eigenes Restaurant mit sizilianischer Küche. Für Unterwasserfans gibt es auch spezielle Pakete mit Tauchgängen. ■ P.za Medusa 1, 92010 Lampedusa, Tel. 09 22/97 14 79, www.hotelmartello.it

Caltanissetta 62

€ | B & B Piazza Garibaldi Holzdecken und moderne Fresken verzieren die drei ruhigen Zimmer im obersten Stockwerk eines typischen Palazzo mitten in der Altstadt. ■ P.za Garibaldi 11, 93100 Caltanissetta, Mobil 340/ 379 58 03, www.piazzagaribaldi11.it

Enna 63

€ | Proserpina Im Herzen der Stadt bietet das familiengeführten Bed & Breakfast komfortable Zimmer mit einem reichlichen Frühstück aus typischen Produkten der Gegend. ■ V. Sant'Agata 108, 94100 Enna, Mobil 333/299 19 57, www.bbenna.it

Piazza Armerina 64

€ | B & B La Casa sulla Collina d'Oro In einem renovierten Landhaus aus dem 19. Jh. mit Holzbalkendecken tragen die stilvoll eingerichteten Zimmer die Namen von Hermann Hesses Werken. Gutes Frühstück mit Produkten aus der Umgebung. ■ V. Mattarella, 94015 Piazza Armerina, Tel. 09 35/896 80, www.lacasasullacollinadoro.it

Syrakus und der Südosten

Eine antike Metropole und prunkvolle Barockstädte werden zum Höhepunkt jeder Sizilien-Reise

Eine bezaubernde Landschaft mit Johannisbrotbäumen und unzähligen Trockenmauern bestimmt diese Region, die von zwei Meeren umspült wird. Hier scheint die Zeit stehen geblieben zu sein, und man fühlt sich in die Antike zurückversetzt, als griechische Siedler landeten und dieses ihrer Heimat so ähnliche Land kolonisierten. Unter den vielen Handelsstädten war Syrakus einst eine der mächtigsten Metropolen der altgriechischen Welt. In der Provinzhauptstadt entdeckt man an jeder Ecke Spuren dieser glorreichen Vergangenheit. Syrakus lockt heute mit grandiosen Bauten im archäologischen Park und einer überwältigenden Altstadt auf der kleinen Insel Ortigia, wo zahllose Schätze aus unterschiedlichen Zeiten die Besucher bezaubern. Nicht zufällig gehört die Stadt zusammen mit der einmaligen Nekropole Pantalica zum UNESCO-Welterbe. 2002 wurden auch die Barockstädte des Val di Noto von der UNESCO zum Welterbe erkoren. Beim Erdbeben von 1693 wurden die meisten Städte völlig zerstört, zunächst aufgegeben, aber dann wieder aufgebaut. So entstand die größte Ansammlung von Barockbauten in Europa. Sei es in Caltagirone und Palazzolo Acreide oder in Ragusa, Modica, Scicli und Noto: Jeder steht staunend vor den Fassaden prunkvoll verzierter Gebäude und Kirchen und bewundert Bauten wie das Schloss von Donnafugata. An der Küste faszinieren neben Naturschutzgebieten charmante Fischerdörfer und die Farben des Meeres. Aber die Region punktet auch mit Spezialitäten wie der Schokolade aus Modica.

In diesem Kapitel:

ADAC Top Tipps:

6 Ragusa
| Barockstadt |
Die zweigeteilte Stadt im Herzen der Monti Iblei fasziniert mit prächtigen Barockbauten, die zum UNESCO-Welterbe gehören. ... 72

Syrakus
| Altstadt |

Kunst- und Kulturschätze aus verschiedensten Epochen vereint auf der kleinen Insel Ortigia. 78

Castello di Donnafugata, Donnafugata
| Palast |

Adeliges Alltagsleben mit einigen Überraschungseffekten und Humor in einem romantischen Palast. 74

ADAC Empfehlungen:

Locanda Don Serafino, Ragusa
| Restaurant |

In den Fels gehauenes Gourmetrestaurant mit zwei Michelin-Sternen im antiken Ibla. 73

Cattedrale San Nicolò, Noto
| Kathedrale |

Pracht und Triumph des Barock im harmonischsten und geschlossensten Stadtbild Siziliens. 77

27 Caltagirone

Hochburg der Keramik- und Terrakottaproduktion

Information

■ V. Volta Libertini 4, 95041 Caltagirone, Tel. 09 33/538 09

■ Parken: V.le Torre dei Genovesi und V. Acquanuova

Keramik hatte in diesem Städtchen auf drei Hügeln schon immer Tradition, bereits in der Frühzeit gab es hier Töpfer. An jeder Ecke lockt eine Keramikwerkstatt oder schmücken bunte Majoliken Böden, Fenster, Wände, Balkone, Portale und Treppen. Als Barockstadt gehört das Stadtzentrum zum UNESCO-Welterbe.

Im Blickpunkt

Keramikhauptstadt Siziliens

Die Keramiktradition in Caltagirone geht auf die Araber zurück, die die Stadt im 9. Jh. gründeten. Sie wurde durch den guten Ton aus der Umgebung begünstigt. Unzählige Läden und Werkstätten bieten Keramikobjekte in den verschiedensten Mustern und Farben an. Die typischen Keramikfarben der Stadt sind Gelb bzw. ein blasses Orange, Kobaltblau und Kupfergrün. In den älteren Fliesen erkennt man katalanische, arabische und normannische Motive. Besonders beliebt sind die Krippenfiguren und die bunten Köpfe, die als Vase oder Übertopf dienen.

Sehenswert

Scalinata di Santa Maria del Monte

| Treppe |

Seit 1608 verbindet die monumentale Treppe den unteren mit dem oberen Teil der Stadt. Jede der 142 Stufen der Majolikatreppe, die zur Barockkirche Santa Maria del Monte hinaufführt, wurde 1954 mit handbemalten Keramikdekorationen verziert. Jedes Jahr am 24. und 25. Juli wird sie zu Ehren von San Giacomo beleuchtet.

■ P.za Umberto

Museo della Ceramica Contemporanea

| Museum |

Im Barockpalast Reburdone (Palazzo Ceramico) am Fuß der Scalinata werden zeitgenössische Keramikkreationen aus der Stadt und Umgebung sowie aus ganz Sizilien gezeigt.

■ V. Abate Meli, Mobil 338/914 64 17, Mo–Sa 10.30–19.30 Uhr, Eintritt frei

Restaurants

€ | La Scala Hausgemachte Nudeln und typische Desserts wie die »cassatella« aus Ricotta werden in familiärem Ambiente serviert – abends gibt es auch Pizza. ■ Scala Santa Maria del Monte 8, Tel. 09 33/577 81, www.lascalaristorantepizzeria.it, Do–Di 12.30–15, 19.30–23.30 Uhr

Einkaufen

Maioliche Varsallona Riccardo Viele typische bunte Kunstobjekte aus Keramik in den traditionellen Farben der Stadt. ■ V. Cristoforo Colombo 33, Mobil 335/132 92 55, tgl. 9–20 Uhr

Ruinen des griechisch-römischen Amphitheaters im antiken Akrai

Events

La Scala illuminata Am 24. und 25. Juli verwandelt sich die Treppe zum Fest des hl. Giacomo in ein Lichtermeer: Tausende Lichter formen ein Muster.

■ www.lascalailluminata.it

28 Palazzolo Acreide

Barock und Antike – vereint mitten in den Bergen

Information

■ C.so Vittorio Emanuele 163, 96010 Palazzolo Acreide, Mobil 329/619 89 62

Das Kleinod in den Hybläischen Bergen beeindruckt mit vielen Palästen und Kirchen im Barockstil. Die Stadt rühmt sich zudem des längsten Barockbalkons Siziliens mit 27 allegorischen Figuren (Palazzo Iudica-Caruso). Oberhalb des Ortes liegen die Reste des antiken Akrai.

Sehenswert

San Sebastiano

| Kirche |

Die majestätische Barockkirche dominiert mit ihrer großen Freitreppe die Piazza del Popolo und gehört zum UNESCO-Welterbe. Bei den Feierlichkeiten zu Ehren des hl. Sebastian werden jedes Jahr am 10. August Tausende von bunten Papierstreifen in den Himmel geschossen.

■ P.za del Popolo, Tel. 09 31/31 18 07, www.sansebastiano.org, tgl. 9–19 Uhr

Akrai

| Ausgrabungsstätte |

Auf 700 Meter Höhe gründeten Siedler aus Korinth 664 v. Chr. das alte Akrai, nur 70 Jahre nach Syrakus. Die besterhaltene Ruine ist das griechische Theater aus dem 3. Jh. v. Chr., das von den Römern erweitert wurde, sodass es 6000 Sitzplätze bot.

■ V.le Teatro Greco, Tel. 09 31/87 66 02, tgl. 8.30–18.30 Uhr, 4 €, erm. 2 €

 Ragusa

 *18 Barockgebäude gehören zum UNESCO-Welterbe*

Information

■ P.za San Giovanni, 97100 Ragusa, Tel. 09 32/68 47 80; P.za Repubblica (Ibla) ■ Parken: V. Don Minzoni, Si Sosta, C.so Italia, Tel. 09 32/62 44 78

Eine tiefe Schlucht trennt Ragusa Ibla im Osten und Ragusa Superiore im Westen, die durch drei Brücken miteinander verbunden sind. Die zweigeteilte Stadt blickt auf eine lange Geschichte zurück: Der Hügel Ibla war bereits im 3. Jt. v. Chr. bewohnt. Nach dem zerstörerischen Erdbeben von 1693 wurden zwei Städte wieder aufgebaut: die eine auf den Trümmern der alten, die andere ganz neu oberhalb der alten – erst 1927 vereinten sie sich. Bei dem Wiederaufbau verzierten Steinmetze jede Fassade mit anmutigen Figuren und Dekorationen. Ob man Barock liebt oder nicht, spielt keine Rolle: In den verträumten Charme von Ragusa Ibla verliebt sich jeder. Am besten entdeckt man die Altstadt bei einem Spaziergang: Der Weg zum unteren Stadtteil startet in der Nähe der von Zisterziensern im 14. Jh. gegründeten Kirche Santa Maria delle Scale an einer Treppe mit 242 Stufen.

Sehenswert

Cattedrale San Giovanni Battista

| Kathedrale |

Die 1760 vollendete Kathedrale imponiert an der Kreuzung der Hauptadern Corso Italia und Via Roma mit ihrer großen Terrasse und den darunter liegenden Arkaden, wo sich kleine Restaurants aneinanderreihen. Ein riesiger Glockenturm mit Spitzhaube dominiert die abwechslungsreiche Fassade mit Monumentalportal. Die Innenausstattung stammt aus dem 19. und 20. Jh. Die Kirche blickt auf den

Blick auf die UNESCO-Welterbestätte Ragusa Ibla im Val di Noto

Platz San Giovanni und auf ein modernes Gebäude.

■ V. Roma 134, Tel. 0932/621599, www.cattedralesangiovanni.it, tgl. 7.45–12.30, 15–20, Turm Mo–Sa 9.30–12, 15–18.30 Uhr, 2 €, Turm und Museum 3 €

Duomo di San Giorgio

| Dom |

Über dem großen länglichen Platz thront der Dom mit einer imposanten Barockfassade des Architekten Rosario Gagliardi (1738–1775). Zum Hauptportal führt eine eindrucksvolle Treppe.

■ P.za del Duomo, Ibla, tgl. 10–12.30, 16–18.30 Uhr

Giardino Ibleo

| Garten |

Im grünen Stadtpark mit schönem Belvedere liegen die Kirche San Giacomo aus dem 14. Jh. und ganz am Rand die Chiesa dei Cappuccini.

■ P.za Giovanni Battista Odierna, Ibla

Portale di San Giorgio

| Portal |

Das wundervolle Portal der beim Erdbeben zerstörten Kirche San Giorgio im gotisch-katalanischen Stil gilt als Symbol von Ragusa Ibla. In der Lünette zeigt ein Basrelief den hl. Georg, der den Drachen tötet.

■ V. dei Normanni, Ibla

Restaurants

€ | **Al Giardino** Im rustikalen Ambiente schmecken typische Gerichte wie die »caponata« – im Sommer im Garten. ■ V. Santa Maria La Nuova 9, Ibla, Tel. 0932/220365, So geschl.

€ | **Rosengarten** Am Lungomare in der Nähe von Montalbanos Haus gibt es ein Antipasti-Menü aus 16 warmen und kalten Fischgerichten. ■ Punta Secca, V. G. Verdi 20, Tel. 0932/915053, www.ristoranterosengarten.jimdo.com, Mo geschl.

15 €€€ | **Locanda Don Serafino** Der Speisesaal des Sterne-Restaurants im Herzen von Ragusa Ibla liegt in einer Grotte. Küchenchef Vincenzo Candiano verwendet für seine Gerichte frische lokale Zutaten und interpretiert die traditionelle Küche der Gegend neu. So entstehen Gerichte wie »gamberoni« auf einer Zwiebelcreme mit Lakritze, kandierter Zitrone und Spinat oder schwarze Spaghetti mit Seeigel, Ricotta und Tintenfisch. Die Weinkarte hat mehr als 1000 Positionen. ■ V. Avvocato G. Ottaviano 13, Ibla, Tel. 0932/248778, www.locandadonserafino.it, Di geschl.

ADAC Wussten Sie schon?

Sizilien ist die an Johannisbrotbäumen reichste Region Italiens. In der Provinz Ragusa befinden sich 70 Prozent der gesamten italienischen und 78 Prozent der sizilianischen Johannisbrotbäume.

Cafés

Giro di Vite Bei der Kathedrale in einem Barockpalast gibt es neben den Mahlzeiten auch Drinks und eine Tanzfläche. ■ C.so Vittorio Veneto 100, Tel. 0932/245943, Mi–Mo 19.30–23.30 Uhr

Iudice Pasticcere Konditorei mit lokalen Spezialitäten, wie Kekse aus Johannisbrotmehl oder »mpanatigghi«, große Kekse mit einem Herzen aus Hackfleisch. ■ V. Giardino 23, Tel. 0932/1882071, www.iudice.it, Mi–Mo 8–13.30, 16–21, So bis 13.30 Uhr

Einkaufen

Ceramiche Artistiche Marcella Occhipinti Originelle und raffinierte handbemalte Keramik. ■ C.so XXV Aprile 94, Tel. 0932/227219, www.marcellaocchipinti.it, tgl. 11.30–13.30, 14.30–20 Uhr

Progetto Natura Die Käserei produziert Abertausende Laibe des Ragusano DOP, einer sizilianischen Sorte des Caciocavallo. ■ Zona Industriale III Fase, Tel. 0932/668901, www.progettonatura-formaggi.com, Mo–Sa 8–18 Uhr

In der Umgebung

Marina di Ragusa

| Fischerdorf |

In dem knapp 25 Kilometer von Ragusa entfernten Fischerort erstreckt sich ein langer Sandstrand mit Uferpromenade und 2,5 Kilometer langem Fahrrad- und Fußgängerweg. Bei Windsurfern ist die Bucht auch im Winter beliebt.

30 Castello di Donnafugata

Palast mit venezianischem Flair und Park mit Überraschungen

■ Contrada Donnafugata, 97100 Ragusa, Tel. 0932/676500, www.castellodonnafugata.org, April–Okt. Di–So 9–19, Nov.–März Di–So 9–13 u. 14–16 Uhr, 6 €, erm. 4 €

Baron Corrado Arezzo de Spuches ließ 1865 das Herrenhaus, das seit 1647 im Besitz der Familie Arezzo war, zum heutigen »Schloss« umbauen. Der Präfekt, Bürgermeister und Senator entschied sich für eine romantische Fassade mit neogotisch-venezianischer Loggia. In den 122 Zimmern ließ er verschiedenste Stilrichtungen verwenden. Im Inneren bestaunt man vor allem die mit Originalmöbeln und Accessoires eingerichtete Zimmerflucht des Obergeschosses mit dunklem Fußboden. Beeindruckend sind der Spiegelsaal, der mit über 700 Wappen bemalte Wappensaal und das Bischofszimmer mit wertvollen Intarsienmöbeln. Im zwölf Hektar großen Park ließ der Baron märchenhafte Bauten errichten, wie ein Labyrinth aus Stein und Wasserspiele. Dazu gehören nicht nur jahrhundertealte, große Ficus-Bäume, ein botanischer Garten und viele Orangenbäume, sondern auch Löwenstatuen und ein neoklassizistisches Coffee House.

31 Modica

Barocke Hauptstadt der sizilianischen Schokolade

Information

■ C.so Umberto I 141, 97015 Modica, Mobil 346/6558227, www.comunemodica.rg.it

■ Parken: C.so Umberto I

Die Stadt erstreckt sich auf einem Felssporn zwischen zwei Schluchten, daher muss man zwischen Modica Alta und Modica Bassa ständig treppauf und treppab gehen. Die Heimatstadt des Schriftstellers Salvatore Quasimodo (1901–1968) ist aber nicht nur für ihre honigfarbenen Barockfassaden bekannt, sondern auch für die feine Schokolade: Auf der Hauptader Corso Umberto sind viele Schokoladenläden zu finden. Ein beeindruckendes Stadtbild der aufeinanderstehenden Häuser genießt man vom Pizzo Belvedere.

Treppenaufgang zur Chiesa di San Pietro in Modica mit Apostelstatuen

Sehenswert

Duomo di San Giorgio

| Dom |

Zur prächtigen spätbarocken Kirche mit fünf Portalen führen über 250 Stufen hinauf, die sich in mehreren Absätzen an den Hügel klammern und von Blumen umrahmt werden. Der Neuentwurf mit der hohen Fassade wird dem Architekten Rosario Gagliardi zugeschrieben, der auch in Ragusa tätig war. Seit 2002 ist sie UNESCO-Welterbe.

■ C.so S. Giorgio, tgl. 9–23.30 Uhr

Chiesa di San Pietro

| Kirche |

Die Treppe zur dreischiffigen Kirche, die zum UNESCO-Welterbe gehört, flankieren Apostelstatuen. Innen bewundert man viele weitere Statuen wie die der Madonna dell'Ausilio.

■ C.so Umberto I, Mo–Fr 10–13, 18–20.30, Sa 10–13 Uhr

Casa Natale Salvatore Quasimodo

| Museum |

Das Geburtshaus des späteren Nobelpreisträgers ist in ein kleines Museum umgestaltet worden.

■ V. Posterla 84, Mobil 331/587 62 18, tgl. 10–13, 15.20–19.30 Uhr, 2,50 €

Restaurants

€ | **La Rusticana** Gemütliche Trattoria mit typischer lokaler Küche wie den »scacce« (gefüllte Focaccia) als Vorspeise. ■ V. Medaglie d'Oro 34, Tel. 09 32/ 90 25 36, www.larusticanadicasiraro.it, Mi und So-Abend geschl.

Einkaufen

Antica Dolceria Bonajuto Der Besuch der ältesten Schokoladenmanufaktur Siziliens ist Pflicht. Hier wird seit fünf Generationen Schokolade nach Rezeptur der Azteken bei niedriger Tempera-

Im Blickpunkt

Barocco del Val di Noto

Nach dem Erdbeben von 1693 wurden die völlig zerstörten Städte wieder aufgebaut – mit neuen Baukonzepten und viel Kreativität: So entstand der Baustil »Barocco siciliano«, der die neue Lust am Leben verkörperte und die Angst vor der Zerstörung und dem Tod ablehnte. Baustil, Stadtplanung und Hausdekorationen stellen den Höhepunkt des Spätbarocks in Europa dar: Neu an den kalksteingoldenen eleganten Palästen waren gewölbte Fassaden, spektakuläre Treppen, runde Dekorationen, viele Statuen und Figuren (Putten, Sirenen, Engelsgesichter, Chimären und Maskaron) sowie schmiedeeiserne Balkone – alles in perfekter Symmetrie. Die acht barocken Städte des Tals (Caltagirone, Militello in Val di Catania, Catania, Modica, Noto, Palazzolo Acreide, Ragusa, Scicli) wurden 2002 zu den italienischen Stätten des UNESCO-Welterbes hinzugefügt.

tur verarbeitet. Neben klassischen Sorten gibt es auch solche mit Chili, Ingwer oder Kardamom. ■ C.so Umberto I 159, Tel. 09 32/94 12 25, www.bonajuto.it, tgl. 9–1 Uhr, Führungen möglich

32 Scicli

Kleine barocke Schönheit mit eleganten Palästen und Kirchen

Information

■ V. Nazionale 16, 97018 Scicli, Tel. 09 32/84 20 03

Hinreißende barocke Palazzi schmücken das Zentrum, das zum UNESCO-Welterbe gehört. Die Via Mormino Penna begeistert mit eleganten Palästen und Kirchen, die einen dazu zwingen, immer nach oben zu schauen. Der steile Weg zur verfallenen Kirche San Matteo lohnt wegen des schönen Blicks.

33 Noto

Reise zurück in die Zeit des sizilianischen Barocks

Information

■ C.so Vittorio Emanuele 135, 96017 Noto, www.notoinforma.it

Gegen Abend legt sich ein zartrosa Schleier über die honigfarbenen Kirchen und Palazzi der Barockstadt, die auch »Garten aus Stein« genannt wird und UNESCO-Welterbe ist. Nach dem Erdbeben von 1693 arbeiteten Architekten wie Gagliardi, Labisi und Sinatra am Wiederaufbau. Es entfaltet sich ein wahrer Rausch von Putten, Masken, Kapitellen und Blüten.

Sehenswert

Cattedrale San Nicolò

| Kathedrale |

Das schönste Zeugnis des sizilianischen Barocks

Die Doppelturmfassade der Kathedrale von 1776 schmücken im Untergeschoss acht frei stehende Säulen mit korinthischen Kapitellen. Zwischen den beiden Türmen ragt das von vier Säulen umrahmte Mittelfeld auf. Hinauf führt eine spektakuläre Treppe vom gegenüberliegenden Rathaus (Palazzo Ducezio). Das 2016 restaurierte dreischiffige Innere besticht mit farbenfrohen Dekorationen und Fresken. In der Kapelle San Corrado wird eine silberne Urne mit den Reliquien des Stadtpatrons aufbewahrt.

■ P.za Municipio, tgl. 10–13.30, 14.30–19 Uhr

Palazzo Nicolaci

| Palast |

Fantasievolle Figuren im Barockstil, Engelsgesichter, Blütenranken und Putten verzieren die prächtige, 1737 fertig dekorierte Palastfassade. Ihren sechs Balkonen dienen allegorische und groteske Figuren wie Chimären und Sirenen als Stützen.

■ V. Nicolaci, tgl. 10–13, 15–19 Uhr, 4 €, erm. 2 €

Riserva Naturale di Vendicari

| Naturreservat |

Ein wahres Schnorchel- und Vogelparadies ist das seit 1989 zugängliche Naturschutzgebiet. Mehr als 250 Vogelarten machen hier Rast auf ihrer Reise. 2005 wurde der Sandstrand Calamosche zum schönsten Italiens gewählt.

■ Contrada Vendicari, www.riserva-vendicari.it, Parkplätze an allen 3 Eingängen

Gefällt Ihnen das?

Mögen Sie Commissario Montalbano?

Das Haus am Meer und die Lieblingsbar Montalbanos befinden sich im Fischerdorf **Punta Secca** zwischen Marina di Ragusa und Santa Croce. Andere Orte der Serie finden Sie in Camilleris Heimatstadt **Porto Empedocle** (S. 60).

Restaurants

€€ | **Dammuso** Sizilianische Küche wie Spaghetti alla Palermitana, Thunfisch mit »cipuddata« (Zwiebeln) oder Filet mit Nero d'Avola. ■ V. Rocco Pirri 10/12, Tel. 09 31/83 57 86, Mo–Sa 19–23 Uhr

Cafés

Caffè Sicilia In diesem Kaffeehaus gibt es traumhafte »cannoli«, »cassata«, Eis und »granite«. ■ C.so Vittorio Emanuele 125, www.caffesicilia.it, Tel. 09 31/83 50 13, tgl. 8–21 Uhr

In der Umgebung

Marzamemi

| Fischerdorf |

Das pittoreske Fischerdorf 20 Kilometer südlich von Noto bezaubert mit seiner Piazzetta und dem Farbenspiel des Meeres. Die alte »tonnara« ist heute ein eleganter Treffpunkt.

Einkaufen

Adelfio Traditionelle Fischspezialitäten, unter anderem Thunfischsalami. ■ V. Marzamemi 7, Marzamemi, Tel. 09 31/84 13 07, www.adelfionline.com

34 Syrakus (Siracusa)

Reise in 3000 Jahre Vergangenheit – von Antike bis Barock

Uferpromenade auf der Insel Ortigia mit vielen Cafés zum Verweilen

Information

- V. Roma 31, 96100 Syrakus, www.infopointprovinciasiracusa.it
- Parken siehe S. 82

Auf der Insel Ortigia vereinen sich harmonisch Antike und Barock

Kulturschätze aus unterschiedlichen Epochen schmücken die antike Stadt, deren Bucht ein einladender Hafen für die Korinther Kolonisten war, die sie 734 v. Chr. gründeten. Von der kleinen Insel Ortigia aus dehnte sich die griechische Stadt aus und wurde zu einer mächtigen Metropole der Antike mit über 500 000 Einwohnern. Unter dem Tyrannen Dionysios besiegte Syrakus 413 v. Chr. sogar Athen. Spuren dieser glorreichen Vergangenheit entdeckt man heute vor allem im Stadtteil Siracusa-Neapolis, einem Neubaugebiet mit antiken Tempelruinen, Latomien und einem archäologischen Park. Die Altstadt mit ihren verwinkelten Gassen erstreckt sich auf der Insel Ortigia, die mit dem Festland durch zwei Brücken verbunden ist. Am Ponte Ubertino begrüßt die bronzene Statue von Archimedes, dem berühmtesten Sohn der Stadt, den Ankömmling. Von hier aus

Plan
hintere Umschlagklappe

schlendert man zum bunten Wochenmarkt, bummelt auf der eleganten Shoppingmeile Corso Matteotti oder auf den engeren kleinen Gassen, auf die viele neue Lokale und originelle Läden blicken. Atemberaubend schön ist das scheinbar schwerelose barocke Ensemble von Palazzi und Kirchen auf dem Domplatz; Syrakus gehört seit 2005 zum UNESCO-Welterbe. Am Brunnen von Aretusa mit seinem Papyrus öffnet sich der Blick auf das Meer und den Hafen Porto Grande. Im Sonnenschein spaziert man auf dem Lungomare Alfeo bis zum Kap der Insel, wo die Burg Maniace thront. Von ihren mächtigen Mauern aus hat man einen grandiosen Ausblick auf das türkisfarbene Wasser des Meers. Südlich der Stadt erstrecken sich hinreißende Strände wie die Pillirina am Kap Plemmirio.

Sehenswert

1 Tempio di Apollo e Artemide

| Tempelruine |

Die Reste des Apollo- und Artemistempels gehen auf das Ende des 7. Jh. v. Chr. zurück. Im Lauf der Jahrhunderte diente der älteste dorische und größte Tempel des griechischen Abendlandes als byzantinische Kirche, Moschee, normannische Kirche und sogar als Kaserne.

■ P.za XXV Luglio/P.za Pancali, Eintritt frei

2 Duomo Santa Maria delle Colonne

| Dom |

Hinter der Barockfassade der Kathedrale versteckt sich ein antiker Tempel: Von der Via Minerva kommend, erkennt man noch die dorischen Säulen und Kapitelle eines Athenetempels aus dem 5. Jh. v. Chr. Im 7. Jh. n. Chr. wurde er in eine dreischiffige Basilika umgebaut. Vom Erdbeben 1693 stark beschädigt, entwarf Andrea Palma zwischen 1728 und 1753 die prunkvolle Barockfassade. Geschmückt wird sie von einer beeindruckenden Madonna und einer Treppe mit den Statuen der Apostel Paulus und Petrus vom Bildhauer Ignazio Marabitti (1719–1797). Im Inneren

Piazza Duomo mit dem Dom Santa Maria delle Colonne auf Ortigia

wird in einer Kapelle eine großartige silberne Statue der Schutzpatronin, der hl. Lucia, aufbewahrt.

■ P.za del Duomo, Tel. 09 31/653 28, Juli/Aug. 9–19, April–Juni, Sept. bis 18.30 Okt.–März bis 17.30 Uhr, 2 €, erm. 1 €

Piazza Duomo

| Platz |

Den Domplatz, an dem das Herz der Stadt schlägt, umrahmen wunderschöne Barockgebäude wie der Palazzo del Senato (heute das Rathaus), der Dom mit sich anschließendem Palast des Erzbischofs, der Palazzo Beneventano del Bosco und die Kirche Santa Lucia alla Badia. Dieses Stadtbild genießt man am besten von einem der Lokale auf dem Platz aus.

Santa Lucia alla Badia

| Kirche |

Am anderen Ende des Platzes erhebt sich die 25 Meter hohe Barockkirche. Bis 2020 hing hier das Ölgemälde »Begräbnis der hl. Lucia« von Caravaggio, das er 1608 in Syrakus malte. Heute befindet es sich in der Kirche Santa Lucia al Sepolcro (V. L. Bignami 1)

■ P.za del Duomo, Tel. 09 31/653 28, Di–So 11–16 Uhr, Eintritt frei

Acquario

| Aquarium |

Ganz in der Nähe des Brunnens Aretusa zeigt das kleine Aquarium Fischarten und Unterwasserflora aus dem Mittelmeer und den tropischen Seen. Von dort öffnet sich auch eine Glastür mit Zugang zum Brunnen Aretusa. Vor dem Aquarium spenden gigantische Ficus-Bäume Schatten.

■ Largo Aretusa, Eingang am Foro Italico, Mobil 333/167 44 61, ab 10 Uhr, Mitte Juli–Mitte Aug. bis 22 Uhr, 8 €, erm. 6 €

Fontana Aretusa

| Brunnen |

Am Rand des Brunnens, der sich im Angesicht des Meeres befindet, gedeiht der schlanke grüne Papyrus dank einer Süßwasserquelle, die hier an die Oberfläche tritt. Das Phänomen beflügelte die Legende von der Nymphe Arethusa. Wild wächst die Pflanze auch am Ufer des Flusses Ciane, wenige Kilometer von der Stadt entfernt.

■ Largo Aretusa

Castello Maniace

| Kastell |

Die quadratische Anlage mit Ecktürmen ließ Friedrich II. zwischen 1232 und 1239 erbauen: Als Basis diente eine

Festung des byzantinischen Feldherrn Maniace aus dem Jahr 1038. Ein Marmorportal im gotischen Stil verziert den Eingang. Im Hof der Festung, die an der Südspitze der Insel über den Hafen wacht, kann man der Geschichte des Kastells und der Stadt in zwei Sälen des Aquariums folgen.

■ V. Castello Maniace 51, Tel. 09 31/ 450 13 65, Mo 8.30–13.30, Di–So 8.30–18.45 Uhr, 4 €, erm. 2 €

 Miqwe

| Jüdisches Ritualbad |

Unter einem Hotel befindet sich in 18 Meter Tiefe das älteste jüdische Ritualbad Europas aus dem 6. Jh. n. Chr. mit drei Becken, die von einer Quelle gespeist werden. Es bezeugt die Bedeutung der jüdischen Gemeinde in der Stadt vor 1492, dem Jahr, in dem die Juden vertrieben wurden.

■ V. Giovanni Battista Alagona, Tel. 09 31/ 214 67, www.allagiudecca.it, Führung tgl. 10–13.30, 15–18.30 Uhr, 7 €, erm. 4 €

 Museo del Papiro »Corrado Basile«

| Museum |

Hier erfährt man alles rund um den Papyrus – vom Anbau und seiner Verarbeitung bis zur Geschichte. Im Museum werden auch antike Artefakte restauriert.

■ V. Nizza 14, Tel. 09 31/221 00, www.museodelpapiro.it, tgl. 10–13.15 Uhr, 6 €, erm. 4 €

 Museo Archeologico Regionale »Paolo Orsi«

| Museum |

In mehreren thematischen Sektionen zeigt das Regionalmuseum Exponate von der Frühgeschichte bis zur römischen Epoche. Zu den Höhepunkten der umfangreichen Sammlung gehören die Venus-Marmorstatue »Landolina« und die kopflose Sitzstatue der Göttermutter.

■ V.le Teocrito 66, Tel. 09 31/48 95 11, Di–Sa 9–18, So 9–13 Uhr, 10 €, erm. 5 €

Das Castello Maniace an der Südspitze Ortigias wurde von Friedrich II. erbaut

11 Castello Eurialo

| Festung |

Dionysios I. ließ die mächtige Festung Ende des 5. Jh. v. Chr. errichten, von deren Bastionen aus man einen wunderschönen Blick aufs Meer hat.

■ In der Ortschaft Belvedere, Tel. 09 31/ 48 95 11, Mo, Di, Do, Fr 8.30–13.30, Mi, Sa 14–19 Uhr, 8 €, erm. 4 €

12 Parco Archeologico della Neapolis

| Archäologischer Park |

Im 240 000 Quadratmeter großen archäologischen Park befinden sich die wichtigsten griechischen und römischen Ausgrabungen der Stadt. Zuerst trifft man auf die Reste der Ara di Gerone, einer gigantischen, im 3. Jh. v. Chr. errichteten Opferstätte, die 200 Meter lang und 23 Meter breit war. Hier gibt es auch einige Latomie (Steinbrüche), in denen Sklaven und Kriegsgefangene sich zu Tode schuften mussten, um weißen Kalkstein für die Stadterweiterung zu gewinnen. Beim Erdbeben von 1693 stürzten die Decken vieler Grotten ein, in denen dann eine üppige Vegetation wild wuchs. In der berühmten Latomia Paradiso öffnet sich die künstliche, 65 Meter lange und 23 Meter hohe Grotte Orecchio di Dionisio (Ohr des Dionysios): Dank Echowirkung und Schallverstärkung wirkt jedes Geräusch dort viel lauter. Der Legende nach soll der Tyrann Dionysios seine Gefangenen auf diese Weise belauscht haben.

Die »Lauschgrotte« Orecchio di Dionisio

Mit einem Durchmesser von 138 Metern ist das griechische Theater aus dem 5. Jh. eines der größten weltweit. In wunderschöner Lage, mit Blick aufs Meer, bot es auf 61 Reihen über 15 000 Sitzplätze! Die aktuelle Form verdankt es einem Umbau im 2. Jh. v. Chr. Hier wurde die Tragödie »Die Perser« von Aischylos das erste Mal auf Sizilien uraufgeführt. Noch heute werden auf dieser Freilichtbühne klassische Dramen gespielt. Es gibt auch die Reste eines römischen Amphitheaters aus dem 3. Jh. n. Chr.: Mit einem Umfang von 140 mal 119 Metern war es nur ein wenig kleiner als die Arena in Verona.

■ V. Paradiso 14, Tel. 09 31/66 20 16, tgl. 8.30–18.30 Uhr, 13 €, erm. 6,50 €, Inszenierungen im Sommer: Tel. 09 31/48 72 48, www.indafondazione.org

 Parken

Auf Ortigia gibt es eine Zone mit beschränktem Verkehr. Am besten parkt man vor Ortigia, z. B. am Parkplatz Molo Sant'Antonio (1,50 €/Std). Auf Ortigia gibt es den Parkplatz Talete (1,50 €/Std.).

Auf dem Mercato di Ortigia gibt es alles, was das kulinarische Herz begehrt

Restaurants

€€ | Koala Das beliebte Restaurant überzeugt auch als Pub/Pizzeria mit leckeren Pizzen, Panini und frittiertem Fingerfood und einem Ambiente, das einem Eukalyptuswald nachempfunden ist. ■ V. Necropoli Grotticelle 25, Tel. 09 31/44 25 25, tgl. 19.30–2 Uhr, Plan Umschlag hinten nördl. c1

€€ | Ristorante Porta Marina Raffinierte Küche mit viel frischem Fisch bietet der Küchenchef Salvo di Mauro in einem Ambiente, das an ein »dammuso« erinnert. ■ V. dei Candelai 35, Tel. 09 31/225 53, www.ristoranteportamarina.135.it, Mo geschl., Plan Umschlag hinten d4

€€ | Trattoria Archimede In der historischen Trattoria im Herzen Ortigias genießt man leckere Fischgerichte in einfachem Ambiente. ■ V. Mario Gemmellaro 8, Tel. 09 31/697 01, tgl. 12–23.30 Uhr, Plan Umschlag hinten d4

Cafés

€ | Pasticceria Artale Die Konditorei ist ein wahres Paradies für Genießer: Hier gibt es unvergessliche »cannoli« und »granite«. ■ V. Saverio Landolina 32, Tel. 09 31/218 29, Fr–Mi 7.30–20 Uhr, Plan Umschlag hinten d4

Einkaufen

Mercato di Ortigia An den Ständen des historischen Markts kann man fast alles kaufen: Obst, Gemüse, Gewürze, Kräuter und allerlei Fisch und Meeresfrüchte – immer mit Blick aufs Meer.

ADAC Mobil

In Syrakus fahren umweltfreundliche **E-Busse**. Auf Ortigia gibt es die Linien Blu 1 und Blu 1A. Das Einzelticket kostet 1 € (max. 90 Min.), ein Tagesticket 3 €.

Der einsame Leuchtturm am Capo Murro di Porco im Marinereservat Plemmirio

■ V. De Benedictis, Giaracà, Lanza, P.za Cesare Battisti, del Mercato, Mo–Sa 7–14 Uhr, Plan Umschlag hinten d3

L'angolo del papiro In dem kleinen Handwerksbetrieb werden Kunstwerke aus Papyrus mit Motiven aus Syrakus oder inspiriert von Ägypten hergestellt. ■ V. Giuseppe Agnello 11, Mobil 338/8737664, Plan Umschlag hinten b1

In der Umgebung

Riserva Naturale del Plemmirio

| Naturreservat |

Das Marinereservat Plemmirio am Leuchtturm von Capo Murro di Porco überrascht mit einer atemberaubenden Mondlandschaft, vor allem bei Sonnenuntergang. Die geschützte Meeresfläche beträgt rund 2400 Hektar.

■ Sbocco 30, www.plemmirio.eu

Pantalica

| Nekropole |

Mehr als 5000 Kammergräber schlugen die Sikuler zwischen dem 13. und dem 8. Jh. v. Chr. in den Felsen. Auf diese Weise entstand die größte Totenstadt Europas. Später wurden die Kammern zum Zufluchtsort für verfolgte Christen und zu Häusern für Araber und Normannen. Die UNESCO-Welterbestätte ist in eine beeindruckende Landschaft mit Schluchten und Steilwänden eingebettet. Highlight ist der Anaktoron, der megalithische Palast eines Prinzen aus der Frühzeit. Die Nekropole lässt sich am besten auf einem Weg entlang den Flüssen Anapo und Calcinara sowie auf einer ehemaligen Bahntrasse erkunden.

■ 96010 Sortino/Ferla, Tel. 0931/67450, www.pantalica.org, Eintritt frei

Übernachten

Historische Palazzi in den Innenstädten und traditionelle Häuser um den typischen »baglio« auf dem Land wurden in raffinierte Hotels und Bed & Breakfasts umgestaltet: Sie bieten reizende Übernachtungsmöglichkeiten, oft inklusive blühender Gärten.

Ragusa 72

€ | **Il Barocco** Hotel mit 17 komfortablen Zimmern in Ragusa Ibla, das ein reichhaltiges Frühstück bietet. ■ V. Santa Maria La Nuova 1, 97100 Ragusa, Tel. 0932/663105, www.ilbarocco.it

€ | **L'Orto sul Tetto** Das B&B verfügt über sechs gemütliche Zimmer und einen schattigen Patio und liegt im Stadtteil Ragusa Ibla. ■ V. Tenente Di Stefano 56, 97100 Ragusa, Tel. 0932/247785

€€ | **Casato Licitra** Charmantes Landhaus mit »baglio« inmitten der Natur mit Reitschule. ■ SP 13 Castiglione-Kastalia, km 10,800, 97100 Ragusa, Tel. 0932/619514, www.casatolicitra.it

€€ | **Poggio del Sole Resort** In verkehrsgünstiger Lage zwischen Ragusa und der Küste 70 komfortable und geräumige Zimmer mit Pool, Wellnessbereich und zwei guten Restaurants. ■ SP 25 Marina di Ragusa, km 5,7, 97100 Ragusa, Tel. 0932/668521, www.poggiodelsolehotel.it

Modica 74

€ | **I Tetti di Siciliando** Gemütliches Bed & Breakfast mit hellen Zimmern, Frühstück aus typischen Produkten und Fahrradverleih. ■ V. Cannata 24, 97015 Modica, Tel. 0932/942843, www.siciliando.com

€€ | **La dimora di Spartivento** Landhaus zwischen Ragusa und Modica mit großen Zimmern – auch mit Hängeboden –, Pool, Fitnessraum, Spielplatz und Lesesaal. ■ SS 115, km 323, 97015 Modica, Tel. 0932/1865377, www.dimoradispartivento.it

€€€ | **Palazzo Failla** Elegantes Ambiente in einem Barockpalast mit ausgezeichnetem Restaurant. Deluxe-Zimmer mit Fresken. ■ V. Blandini 5, 97015 Modica, Tel. 0932/941059, www.palazzofailla.it

Noto 76

€ | **Villa Canisello** B & B mit modern ausgestatteten Zimmern nur zehn Gehminuten vom Zentrum entfernt in einem alten Landhaus mit Garten und Patio. ■ V. Marchesi 7, 96017 Noto, Mobil 320/7785019, www.villacanisello.it

Syrakus 78

€ | **Hotel dei Coloniali** 16 gemütliche Zimmer mit gutem Frühstück, fünf Minuten von Ortigia entfernt. ■ V. d. Porto Grande 46, 96100 Syrakus, Tel. 0931/464547, www.hoteldeicoloniali.com

€€ | **Grand Hotel Villa Politi** Jugendstilhotel, in dem auch Churchill verweilte, im Park der Latomie dei Cappuccini. ■ V. M. Politi 2, 96100 Syrakus, Tel. 0931/412121, www.villapoliti.com

Catania, der Ätna und Taormina

Auf Entdeckungsreise rund um den Vulkan, der Land und Leute seit Jahrtausenden prägt

Die quirlige, manchmal auch chaotische und schäbige, an einigen Ecken nostalgische und doch moderne Provinzhauptstadt Catania am Fuß des Ätna schließt jeder sofort ins Herz. Die Gegensätze triumphieren in dieser Stadt, die mehrmals durch Vulkanausbrüche zerstört, aber immer wieder neu aufgebaut wurde. Der schwarze Basalt, der für viele Kunstschätze verarbeitet wurde, erinnert ständig an die ungebändigte Kraft der Natur. Die Altstadt Catanias hat sich seit einiger Zeit herausgeputzt und nimmt heute die Besucher mit eleganten Straßen und restaurierten Gebäuden in Empfang, aber auch mit dem unverfälschten Kolorit seines Fischmarkts. Der Blick auf den Ätna begleitet den Alltag der Catanesi, auch wenn sie das azurblaue Meer am Strand genießen. Die Anziehungskraft des Vulkans ist groß, und kaum jemand lässt sich die Chance entgehen, ihn hautnah zu erleben: Dazu verlässt man die nach Zitrusfrüchten duftende weite Ebene rund um Catania und fährt Richtung »Mongibello«. Der Ätna beschenkt seine Besucher mit bizarren Formen, tiefschwarzem Lavagestein, glitzernden Schneefeldern und überwältigenden Panoramen. In der vom Vulkan geprägten Landschaft erhielten auch beeindruckende Schluchten wie die Gole dell'Alcantara ihre Form. An der durch Lavaströme gestalteten Küste reihen sich alte Fischerdörfer aneinander. Hoch über der Küste thront das zauberhafte Taormina: Der Touristenmagnet bietet großartige Ausblicke auf die Küste, das Meer und den Ätna. Das spektakulärste Panorama erlebt man jedoch im Amphitheater Teatro Greco, das mit einem Durchmesser von 109 Metern in der Antike bis zu 5000 Zuschauern Platz bot.

In diesem Kapitel:

ADAC Top Tipps:

Ätna
| Vulkan |
Der Anziehungskraft des Ätna kann sich keiner entziehen: Schon seit Urzeiten prägt der Vulkan die Region und den Alltag der hier lebenden Menschen. 94

Teatro Greco, Taormina
| Amphitheater |
Der Panoramablick auf den Vulkan, der sich hier bietet, zieht die Besucher zu jeder Jahreszeit in seinen Bann: Die Taormina-Sehnsucht ist garantiert! 99

ADAC Empfehlungen:

Ferrovia Circumetnea
| Schmalspurbahn |
Mit der Bahn stressfrei und günstig rund um den Vulkan fahren. 95

Isola Bella, Taormina
| Strand |
Das romantische Eiland liegt mitten im kristallklaren Wasser. 100

Hotel Isabella, Taormina
| Hotel |
Kleines Hotel am Corso Umberto I mit Blick auf den Ätna und das Ionische Meer. 105

35 Catania

Immer wieder auferstanden aus der Lava

Blick von der Kathedrale Sant'Agata in Catania zum Ätna

Information

- V. Vittorio Emanule II 172, 95131 Catania, Tel. 095/742 55 73, www.comune.catania.it
- Parken siehe S. 92

Die »schwarze Tochter des Ätna« wurde oft von Naturkatastrophen heimgesucht, aber wie Phoenix stand sie immer wieder aus der Asche auf. Vulkanausbrüche und Erdbeben gehören seit jeher zum Alltag des alten Katane, das 729 v. Chr. von griechischen Siedlern auf den Trümmern eines sikulischen Orts gegründet wurde. Der Westteil der Stadt wurde 1669 durch einen Lavastrom zerstört; der Rest ging 1693 beim großen Erdbeben unter. Für den Wiederaufbau wurde meistens das schwarze Lavagestein verwendet. Als spätbarocke Stadt wurde Catania 2002 in die Liste des Welt-

ADAC Mobil

Catania verfügt über ein gutes Busnetz. Eine Tageskarte kostet nur 2,50 €, eine Einzelfahrkarte 1 € und ist 90 Minuten gültig. Es gibt zudem eine zehn Kilometer lange U-Bahn-Linie, die bis zum Flughafen verlängert werden soll.
www.amts.ct.it

Plan
S. 91 

erbes der UNESCO aufgenommen. Die zweitgrößte Stadt Siziliens, in der der Komponist Vincenzo Bellini (1801–1835) und der Autor Giovanni Verga (1840–1922) geboren wurden, präsentiert sich heute mit breiten Hauptstraßen, vielen Plätzen und anmutigen Barockgebäuden. In den vielen Boutiquen auf Catanias Shoppingmeile, der schnurgeraden, 3,5 Kilometer langen Via Etnea, kaufen Kunden von der ganzen Insel ein! Die breite Piazza del Duomo – traditioneller Treffpunkt für Jung und Alt – wird von der Kathedrale der hl. Agathe und dem Rathaus umrahmt. Hier thront auch das Wahrzeichen der Hafenstadt: der Elefantenbrunnen. Vormittags ist zu hören, wie die Verkäufer auf dem nahe gelegenen Fischmarkt ihre Ware lautstark anpreisen. Nicht weit entfernt davon ragt die mächtige Stauferburg Castello Ursino auf, während auf den beiden Hauptverkehrsadern der Stadt, der Via Garibaldi und der Via Vittorio Emanuele, reges Treiben herrscht. Ein überaus lebendiges Nachtleben prägt das Stadtzentrum vor allem rund um das Theater Bellini. Entspannen kann man von den oft chaotischen Verkehrsverhältnissen zu Fuß oder mit dem Fahrrad am Lungomare.

Sehenswert

1 Palazzo Biscari

| Palast |

Die interessanteste Seite des größten Barockpalastes der Stadt blickt auf den Hafen und hat eine große, mit üppigen Ranken und vielen Putten verzierte Terrasse. Der Palazzo, den Goethe im Jahr 1787 besuchte, ist im Besitz der Familie Paternò Castello und bietet ein herausragendes Beispiel des lokalen Barockstils.

■ V. Museo Biscari 10, Tel. 095/328 72 01, www.palazzobiscari.it, 10 €, erm. 6 €

2 Cattedrale di Sant'Agata

| Kathedrale |

Aus der Normannenzeit rühren in der der hl. Agathe gewidmeten Kathedrale drei Apsiden und das Querschiff. Nach dem Erdbeben von 1693 wieder aufgebaut, bekam sie vom Stararchitekten Vaccarini eine schwingende Fassade.

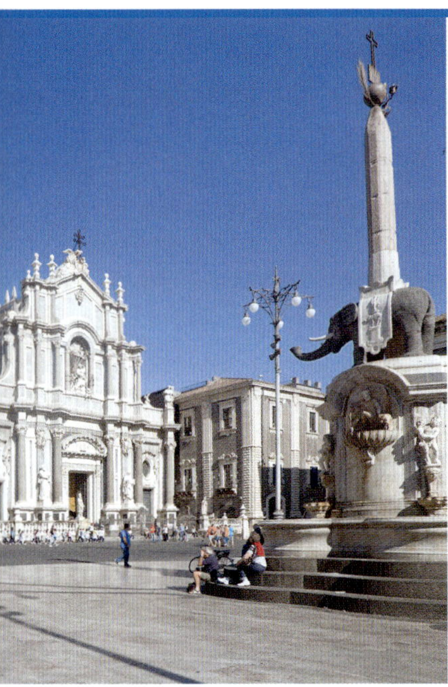

Piazza del Duomo mit Cattedrale di Sant'Agata und Fontana dell'Elefante

Für deren Vollendung brauchte er mehr als 30 Jahre. Im Inneren stößt man auf das Grabmal des Komponisten Vincenzo Bellini und auf die Cappella di Sant'Agata mit ihrem schmiedeeisernen Gitter: Von der Schutzpatronin der Stadt sieht man aber normalerweise nur ein Bild, die prächtige Büste mit den Reliquien wird lediglich zu Festtagen gezeigt.

■ V. Vittorio Emanuele II 163, Tel. 095/ 32 00 44, www.cattedralecatania.it, Mo–Sa 7.15–12, 16–19, So, Fei 7.45–12.30, 16–19 Uhr

3 Fontana dell'Elefante

| Brunnen |

Inspiriert von Berninis Elefantenstatue in Rom, errichtete der Architekt Giovanni Battista Vaccarini (1702–1768) 1736 auf dem Rücken eines Elefanten aus Lavastein einen vier Meter hohen Obelisken mit ägyptischen Hieroglyphen aus hellem Granit. Die Bedeutung der Statue ist nicht eindeutig geklärt. Der Elefant symbolisiert Stärke und Langlebigkeit, Eigenschaften, die auch den Catanesen nachgesagt werden.

■ P.za del Duomo

4 Palazzo degli Elefanti

| Rathaus |

Der sogenannte Elefantenpalast begrenzt den Domplatz. Er verdankt seinen Namen den Elefantendekoren, mit denen Vaccarini die Giebel der Balkone schmückte. An den Fassaden erkennt man auch Maßeinheiten, ein Beweis dafür, dass in der Vergangenheit hier der Markt abgehalten wurde. Die vier identischen Eingänge zum Inneren sind eine Rarität: Sie ermöglichten dem Volk den Zutritt von allen Stadtseiten. Im Innenhof sind historische Kutschen ausgestellt, die am 3. Februar bei der Prozession der hl.Agathe verwendet werden.

■ P.za del Duomo

5 Castello Ursino

| Burg |

Der Ätna-Ausbruch im Jahr 1669 veränderte den Küstenverlauf. Zwar wurde die mächtige, von Lava umgebene Burg nicht zerstört, sie lag aber danach auch nicht mehr direkt am Hafen. Die viereckige Festung mit den runden Ecktürmen ließ Friedrich II. 1239 erbauen. Über dem Haupttor zeigt sich der Stauferadler, der einen Hasen oder ein Lamm in den Krallen hält. Heute ist das Castello Sitz des Museo Civico, das lokale Funde, hellenistische und römische Skulpturen sowie mittelalterliche Kunstwerke beherbergt.

■ P.za Federico di Svevia II, Tel. 095/ 34 58 30, tgl. 9–19 Uhr, 11 €, erm. 9 €

6 Casa Museo di Giovanni Verga

| Museum |

Wo der Autor des berühmten Romans »I Malavoglia« (1881) seine Kindheit verbrachte, befindet sich heute eine große Bibliothek mit seinen Manuskripten und die originale Möbelausstattung.

■ V. Sant'Anna 8, Tel. 095/715 05 98, Mo–Sa 9–13 Uhr, 4 €, erm. 2 €

7 Via Crociferi

| Straße |

Sie gilt als eine der schönsten Straßen der Stadt: Auf circa 300 Metern trifft man auf prunkvolle Paläste, Kirchen und Klostergebäude im Barockstil wie die Chiesa di San Benedetto. Die Straße bietet eine stimmungsvolle und dramatische Kulisse für die Feierlichkeiten und die Prozession der hl. Agathe.

8 Monastero dei Benedettini di San Nicolò l'Arena

| Kloster |

In einem der Meisterwerke des späten sizilianischen Barocks kann man zwei Kreuzgänge, eine großartige Bibliothek (der Humanistischen Universität) und eine »domus romana« besuchen. Die gleichnamige kolossale Kirche sollte zum größten Sakralgebäude Siziliens werden, blieb aber unvollendet. Im Inneren bestaunt man am Boden einen großartigen Meridian, der 1841 nach einem Projekt der Astronomen Wolfgang Sartorius von Waltershausen (1809–1876) und Christian Peters (1813–1890) angefertigt wurde.

■ P.za Dante Alighieri 32, Tel. 095/710 27 67, www.monasterodeibenedettini.it, tgl. 10–18 Uhr, Führungen 10 €, Reservierung empfohlen

Catania

Maria SS. Annunziata al Carmine
Via M. Ventimiglia
Via Pacini
Pza. Carlo Alberto
Via G. Bruno
Via Maddem
Largo Paisiello
Via Ughetti
Via Rocca
Via Romana
San Domenico
La Fiera
Pal. Tezzano
Pza. Stesicoro
Corso Sicilia
Pza. della Repùbblica
Via Plebiscito
Via S. Maddalena
9 Anfiteatro Romano
Pza. Spirito Santo
Via L. Sturzo
Via G. di Prima
Convento di Crociferi
Pal. Manganelli
Osservatorie
Via Antonino di Sangiuliano
Monastero dei Benedettini di San Nicolò l'Arena 8
Via Crociferi 7
San Giuliano
Via Etnea
10 Teatro Massimo Bellini
Pza. Dante
San Francesco Borgia
Università
Pal. San Giuliano
Pal. Serravalle
Teatro Romano
Palazzo degli Elefanti 4
Via Vittorio Emanuele II
Via Teatro Greco
Sant' Agostino
Odeon
Convento della Santissima Trinità
3 Fontana dell' Elefante
2 Cattedrale di Sant'Agata
Sant' Agata alle Sciare
6 Casa Museo di Giovanni Verga
Pza. Mazzini
1 Palazzo Biscari
Pza. S. Francesco di Paola
Porta Uzeda
Villa Pacini
Via Dusmet
La Pescheria
Via G. Garibaldi
Pal. di Trewella
Via Transito
Via Naumachia
Pza. Federico di Svevia
Via Cristoforo Colombo
Pza. Alcala
V. di Giacomo
Via Reitano
Porto Vecchio
Via Plebiscito
5 Castello Ursino
Via Grimaldi
0 300 m

Anfiteatro Romano

| Amphitheater |

Unter dem Asphalt sieht man die Reste des Amphitheaters, das wohl auf das 2. Jh. n. Chr. zurückgeht. Der größte Teil des Gebäudes ist aber von der Straße und den umliegenden Gebäuden bedeckt. Nur wenig kleiner als das Kolosseum in Rom, bot es bis zu 16 000 Zuschauern Platz. Bereits in der Antike wurde es aber zum Steinbruch: Sein Baumaterial – eine Mischung aus Basalt, Kalkstein und Ziegel – wurde für den Bau der Kathedrale verwendet.

■ P.za Stesicoro, Di–Sa 9–13, 14.30–18 Uhr, Eintritt frei

Teatro Massimo Bellini

| Opernhaus |

1890 mit der Oper »Norma« eingeweiht, zählt das Neorenaissance-Theater zu den schönsten Opernhäusern Italiens – mit ausgezeichneter Akustik und abwechslungsreichem Spielplan.

■ V. G. Perrotta 12, Tel. 095/730 61 11, www.teatromassimobellini.it, Führungen mit Reservierung: Di–Sa 9, 10, 11, 12 Uhr, 6,50 €, erm. 4,50 €

Gefällt Ihnen das?

Auch das neoklassizistische **Teatro Massimo** in Palermo (S. 24) und die beiden griechischen **Amphitheater von Syrakus** (S. 82) und **Taormina** (S. 99) haben Theatergeschichte geschrieben.

Parken

Piazza Europa, wenn man an der Promenade spazieren oder radeln möchte.

■ www.parcheggioeuropa.it (1 €/Std.); P.za Borsellino, nahe der Altstadt (1,50 €/2 Std), Plan S. 91 nordöstl. c1

Restaurants

€ | Me Cumpari Turiddu Das multifunktionelle Lokal ist Bistro, Restaurant, Teehaus, sizilianischer Streetfood- und Spezialitätenladen in einem. Schön angerichtete, schmackhafte Speisen.

■ P.za Turi Ferro, Tel. 095/715 01 42, www.mecumparituriddu.it, tgl. 19–22.15 Uhr, Sa, So auch mittags, Plan S. 91 b2

€ | Ristorante Pizzeria Cutilisci Traditionelle Küche und leckere Pizzen direkt an der Promenade mit Meerblick: Bei schönem Wetter speist man auf der sonnigen Veranda. ■ V. San Giovanni Li Cuti 69, Tel. 095/37 25 58, www.cutilisci.it, tgl. 9–24 Uhr, Plan S. 91 nordöstl. c1

€€ | Il Sale Das junge Team dieses Restaurants, das auch Pizzeria, Café und Konditorei ist, kreiert köstliche Gerichte aus typisch sizilianischen Produkten und findet dabei immer wieder innovative Kombinationen, wie z. B. Pistazien und Thunfisch. ■ V. Santa Filomena 10/12, Tel. 095/31 68 88, www.ilsale.info, tgl. 19.30–24 Uhr, Plan S. 91 b1

Cafés

Pasticceria Quaranta Typische sizilianische Süßspeisen, himmlische »granita« mit Pistazien- und Mandelgeschmack und leckeres Marzipan zum Mitnehmen. ■ P.za Mancini Battaglia 17/20, Tel. 095/712 48 93, www.pasticceriaquaranta.it, tgl. 6–0.30, Sa bis 1.30 Uhr, Plan S. 91 nordöstl. a1

Pasticceria Savia In der historischen Konditorei möchte man am liebsten alles probieren: »cassata«, »pasta di mandorle«, »frutta martorana«, »cannoli« und »arancine«. ■ V. Etnea 302/304, Tel. 095/32 23 35, www.savia.it, Di–So 7.45–21.30 Uhr, Plan S. 91 b1

ADAC Mittendrin

Mercato della Pescheria
Gleich bei der Porta Uzeda, vorbei am schönen Amenano-Brunnen, steigt man ein paar Treppen hinab und erreicht den historischen Markt mit dem orientalischen Flair eines Basars. Es ist ein echtes Spektakel zu sehen, wie die Händler ihren Fisch anpreisen und mit den Kunden feilschen. Das Angebot an Fischsorten und Meeresfrüchten ist großartig. Die hochwertigsten Fische gibt es unter den Arkaden. Rund um den Fischmarkt werden frisches Obst und Gemüse sowie Streetfood verkauft: ein echtes Erlebnis! Gegend Abend wird der nicht verkaufte Fisch gegrillt oder gebraten und gleich zum Verzehr angeboten.
P.za Alonzo di Benedetto, Mo–Sa 7–14 Uhr

Einkaufen

Rinascente Im traditionsreichen Kaufhaus an Catanias Shoppingmeile findet man ein großes Angebot an Mode und Accessoires. ■ V. Etnea, Mo–Fr 9–20.30, Sa 9–21, So 10-21 Uhr, Plan S. 91 b1

Atelier Salamanca Seit fast 60 Jahren begeistert Francesco Salamanca, einer der letzten »pupari«, der sizilianischen Puppenspieler, Kinder und Sammler mit seinen handgemachten »pupi«. ■ V. Magenta 58, Mobil 346/0131563, www.pupisalamanca.com, Plan S. 91 südl. a3

Kneipen, Bars und Clubs

Le Capannine An dem bei den Catanesi beliebtesten langen Sandstrand La Playa kann man sich tagsüber sonnen und abends bei Musik austoben. Und das immer mit Blick zum Ätna. ■ V.le Kennedy 93, Tel. 095/7357235, Plan S. 91 nördl. c3

Chiosco Sicilia Seltz Bis spät in der Nacht werden in der Kult-Getränkebude frischer Sirup, Milchshakes und Fruchtsäfte serviert. ■ C.so Sicilia 10, Mo 7–2, Di–Do 7–3, Sa 8–4, So 15–2.30 Uhr, Plan S. 91 c1

Kinder

Etnaland
| Vergnügungspark |
Etnaland bietet viel Unterhaltung nicht nur für Kinder im Themenpark mit vielen Fahrgeschäften und im Sommer auch im vorhandenen Wasserpark mit zahlreichen Wasserrutschen und Wellenbecken.
■ Contrada Agnelleria, 95032 Belpasso, Tel. 095/7913334, www.etnaland.eu, Themenpark Mitte April–Sept., Öffnungzeiten siehe Website, Aquapark Juli–Anfang Sept. 9.30–18.30 Uhr, Plan S. 91 nordwestl. a1

Events

Festa di Sant'Agata Jedes Jahr vom 3. bis zum 5. Februar herrscht in Catania Ausnahmezustand wegen des Festes zu Ehren der Schutzpatronin Sant'Agata. Ein emotionaler Höhepunkt der Feierlichkeiten ist die traditionelle Prozession am 4. Februar. Ganz früh am Morgen ziehen die Catanesi den typischen »sacco« (eine lange weiße Votivtunika) an, der mit einer Kordel um die Taille gehalten wird, und strömen zur Kathedrale. Dort werden die kostbaren Reliquien der hl. Agathe in

Die beiden Silvestri-Krater nahe der Seilbahnstation von Etna-Sud

einem Silberkästchen aufbewahrt. Die Gläubigen folgen danach der sehr schweren Trage mit Agathes Bild, die von mehreren Männern auf der Schulter durch die Stadt getragen wird.

36 Ätna

Der allgegenwärtige Herrscher über Sizilien

Information

■ P.zale Rifugio Sapienza, 95030 Nicolosi, Tel. 095/914141, -42

Majestätisch ragt der aktivste und höchste Vulkan Europas empor. Der Ätna (ital. »Etna«) prägt seit jeher Land und Leute und weckt widersprüchliche Gefühle. Sein Gipfel in ca. 3350 Meter Höhe ist viele Monate im Jahr schneebedeckt und wechselt wegen der vulkanischen Aktivität ständig sein Aussehen. Der »Mongibello«, der Berg der Berge, wie man ihn in Sizilien nennt, hat nicht nur Tod und Verwüstung gebracht, sondern auch fruchtbare Böden hinterlassen. An seinen Hängen gedeihen Kartoffeln, Wein, Orangen, Zitronen, Kirschen, Äpfel, Birnen, Kastanien, und es blühen Akazien und Ginster. Um seine Einzigartigkeit zu bewahren, wurde das ganze Gebiet, das knapp 60 000 Hektar umfasst, 1987 zum Naturpark erklärt. 2013 nahm die UNESCO ihn in die Liste des Welterbes auf. Bis zur Höhe der Station La Montagnola in 2500 Meter Höhe fährt man mit der Seilbahn und dann bis zur Endstation am Torre del Filosofo (2917 Meter) im Geländewagen. Besteigungen des Kraters sind nur in Begleitung eines Bergführers erlaubt. Auf einer circa fünf Kilometer langen Wanderung vom Ausgangspunkt Rifugio Citelli (Ätna-Nord) kann man bei klarer Sicht jenseits der Meerenge auch die Küste Kalabriens sehen.

A spasso con gli Artisti Wunderschöne handbemalte Taschen mit Figuren des sizilianischen Marionettentheaters.

■ V. Treviso 34, 95030 Mascalucia, www.aspassocongliartisti.it

Le Cantine Murgo Edle Tropfen im Agriturismo am Vulkan. ■ V. Zafferana 13, 95010 Santa Venerina, Tel. 095/95 05 20, www.murgo.it, tgl. 9.30–18 Uhr

Erlebnisse

18 **Ferrovia Circumetnea** Die Vulkanlandschaft lässt sich günstig und ohne Stress mit dieser charmanten Schmalspurbahn entdecken. Ab Catania fährt sie 110 Kilometer nach Giarre-Riposto rund um den Ätna und gewährt dabei faszinierende Ausblicke. Zwischen Catania und Randazzo kann man auch das Fahrrad mitnehmen. Sehr zu empfehlen ist außerdem eine Fahrt mit dem Treno dei Vini dell'Etna, dem Weinzug mit angeschlossenen Bussen, die Abstecher zu lokalen Winzern machen. Mit dem Treno delle Terre dell'Etna e dell'Alcantara entdeckt man die bezaubernde Landschaft zwischen der Nordseite des Ätna und dem Meer. ■ V. Caronda 352/A, 95128 Catania, Tel. 095/54 11 11, www.circumetnea.it

37 Aci Castello

Felsige Küste mit normannischem Kastell als Wahrzeichen

Information

■ Lungomare Ciclopi 137A/B, 95021 Aci Castello, Mobil 351/707 62 63

An der Zyklopenküste liegen nebeneinander gleich drei Ortschaften, deren Namen mit »Aci« beginnen, was auf die Liebesgeschichte zwischen dem Hirten Aki und der Nymphe Galateia zurückzuführen ist. Als ersten Ort erreicht man Aci Castello.

Sehenswert

Castello Normanno

| Burg |

Die Burg liegt steil über der Küste und birgt ein Museum mit Mineralien, Fossilen und archäologischen Funden. ■ P.za Castello, tgl. 9–13, 15–17, Frühling bis 19, Sommer 9.30–13, 16–20.30 Uhr, 3,50 €

Im Blickpunkt

»Pupi«

Das sizilianische Marionettentheater (»Opera dei Pupi«) entwickelte sich aus der Tradition der Straßensänger, die Ritterepen vortrugen, und erlebte seine Blütezeit im 19. Jh. in Catania und Palermo, als ganze Familien als Marionettenspieler (»pupari«) arbeiteten. Die faszinierenden Theaterstücke erzählen Geschichten von Karl dem Großen, seinen Paladinen und König Roger II., aber vor allem aus dem Rolandslied. Seit 2001 gehört es zur UNESCO-Liste der Meisterwerke des mündlichen und immateriellen Erbes der Menschheit.

Ruinen der normannischen Burg an der Steilküste von Aci Castello

Kneipen, Bars und Clubs

Banacher Tropische Pflanzen und Wände aus Lavagestein machen aus dem Open-Air-Club mit Blick auf die Zyklopenküste etwas ganz Besonderes. ■ V. Vampolieri 2, Mobil 347/3723901, Juni–Sept. Fr–Sa 23–4 Uhr

38 Aci Trezza

Von den Zyklopeninseln geschmückter Fischerort

1881 ließ sich der Schriftsteller Giovanni Verga von dem Fischerort zu seinem Familienroman »I Malavoglia« inspirieren, und Filmregisseur Luchino Visconti drehte hier 1948 den neorealistischen Filmklassiker »La Terra Trema« (»Die Erde bebt«) mit Schauspielerin Anna Magnani. Trotz des sommerlichen Tourismus ist das Flair des alten Fischerorts am Hafen erhalten geblieben. Nachts locken Pubs und Diskotheken vor allem junge Leute hierher.

Ein entzückendes Postkartenmotiv bieten die bizarren Felsnadeln (Faraglioni), die genauso wie die Strände aus grobem Sand und Kieseln vom kristallklaren Meer umspült werden. Der Legende nach soll der geblendete Zyklop Polyphem dem schlauen Odysseus diese Felsen hinterhergeworfen haben.

Sehenswert

Area Marina Protetta Isole Ciclopi

| Marines Reservat |

Die Zyklopenküste und das dazugehörige Meer sind ein marines Reservat, das man im Glasbodenboot erkunden kann.

■ Tel. 095/7117322, www.isoleciclopi.it

Museo Casa del Nespolo

| Museum |

Ein nettes kleines Museum über das Leben der Fischer, das Erinnerungen an Vergas und Viscontis Meisterwerke weckt.

■ V. Arciprete Salvatore de Maria 15, 95026 Aci Trezza, Tel. 095/7116638, tgl. 9.30–12.30, 16–18 Uhr, 2 €

Restaurants

€ | À Latruzza Fisch und traditionelle sizilianische Küche mit Blick auf die Inseln Ciclopi. ■ V. Marina 6, 95026 Aci Trezza, www.alatruzza.it, Mobil 331/9410486, tgl. 12–16, 19.30–24 Uhr

39 Acireale

Siziliens Karnevalshauptstadt in hügeliger Landschaft

Information

▪ P.za del Duomo, 95024 Acireale, Tel. 095/89 52 49
▪ Parken: V. Galatea 193

Mehrfach von Lavaströmen zerstört, wurde die Stadt, die bereits in römischer Zeit für ihre Thermalquellen bekannt war, nach dem Erdbeben von 1693 auf einer Lavaterrasse im barocken Stil wieder aufgebaut. Ein Besuch lohnt sich auch wegen der »granite« und des Karnevals. Zentrum der Stadt, die auf das Meer und den Ätna blickt, ist der Domplatz mit Barockpalästen.

Sehenswert

Basilica Collegiata di San Sebastiano

| Basilika |

Die Fassade der Barockkirche ist mit Putten, Blüten, Ranken, Früchten und Girlanden übersät. Im dreischiffigen, mit Fresken verzierten Inneren befindet sich die Statue des Stadtpatrons Sebastian: Am 20. Januar wird sie von Gläubigen rennend aus der Kirche getragen und gegen Mitternacht – diesmal rückwärts – zurückgebracht.

▪ P.za L. Vigo, tgl. 8–12, 16–19.30 Uhr

Villa Belvedere

| Park |

Von der Parkanlage mit Stadtvilla von 1848 hat man einen großartigen Ausblick auf Taormina, den Ätna und die Küste mit den Klippen der Timpa.

▪ P.za Indirizzo 2

Cafés

Pasticceria Re Dolce Freddo Erlesene sizilianische Süßspeisen für jeden Geschmack wie »granita« und »cannoli«.

▪ V. Giovanni Verga 53, Tel. 095/764 92 98, Mi–Mo 6–24 Uhr

Events

Karneval Am Faschingswochenende und am Faschingsdienstag ziehen große Karnevalswagen mit bunten, allegorischen Masken aus Pappmaschee durch die Stadt.

▪ www.fondazionecarnevaleacireale.it

In der Umgebung

Scogliera della Timpa

| Küste |

Am besten beim Wandern (Sentiero della Timpa vom Domplatz über Via Romeo) oder Kanufahren bestaunt man im Ortsteil Santa Caterina die 100 Meter hohe Klippenküste aus Lavagestein, die der Ätna im Lauf der Jahrhunderte ausgespien hat.

ADAC Mittendrin

Eisgenuss

Eis und Sorbet haben eine lange Tradition in dieser Region. Ursprünglich wurden sie mit dem Schnee des Ätna zubereitet. So auch die feine »granita«: Hergestellt aus frischen Früchten oder Pistazien und Mandeln, wird sie mit Sahne und einem ofenfrischen Brioche zum Frühstück serviert. Eine weitere gefrorene Spezialität ist die »cassata«, eine mit kandierten Früchten verfeinerte Schichttorte aus Biskuit und Ricotta.

40 Taormina

Elegante Felsenterrasse mit traumhaftem Panoramablick

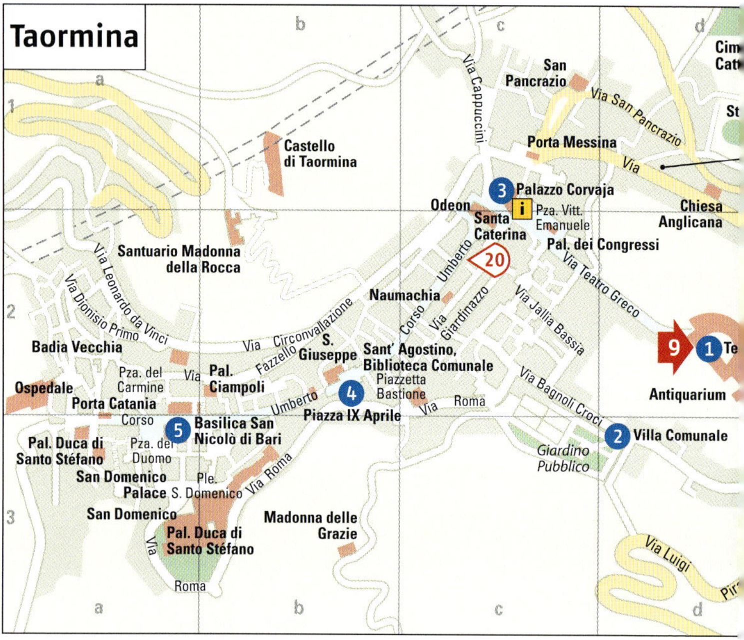

Information

- Lungomare Tysandros 54, 98035 Giardini Naxos (auch für Taormina), Tel. 0942/ 51010, www.comune.taormina.me.it
- Parken siehe S. 101

Anfang des 19. Jh. war Taormina als exklusiver Winterkurort wegen des milden Klimas und der üppigen Vegetation bei europäischen VIPs sehr beliebt. Auch heute ist die Stadt Ziel vieler Besucher, die sie vor allem im Hochsommer fast lahmlegen. Faszinierend ist Taormina im Frühling, wenn die Gärten blühen und es überall nach »zagare«, den Blüten der Orangen- und Zitronenbäume, duftet. Die 396 v. Chr. von Karthagern gegründete Stadt liegt spektakulär 200 Meter über dem Ionischen Meer auf einer Felsenterrasse des Monte Tauro mit Blick auf das Meer und den Ätna mit seiner verschneiten Haube. Man erreicht die mittelalterliche, saubere und gepflegte Altstadt mit dem Auto über viele Kehren oder direkt mit der Seilbahn, die sie mit dem Strand Mazzarò und der Isola Bella verbindet: Das kristallklare Wasser genießt man am besten in der Nebensaison, wenn die Stadt von den Touristen nicht mehr überflutet ist. Auf dem Corso Umberto I, der Hauptstraße Taorminas zwischen Porta Catania und Porta Messina,

laden Boutiquen und Kunsthandwerksläden zum Shoppen sowie Cafés und Bars zu einem Drink ein. Am Domplatz vorbei bummelt man weiter bis zur Piazza Vittorio Emanuele: Von hier aus erreicht man in ein paar Minuten das Teatro Greco. Wie gemalt scheint das atemberaubende Panorama von den Sitzreihen des mächtigen Theaters – eine unvergessliche Naturkulisse! An der Küste entdeckt man per Boot oder beim Tauchen faszinierende Grotten.

ADAC Mobil

Alle 15 Minuten fährt die **Seilbahn** von der Station in der Via Pirandello und erreicht in knapp drei Minuten die Strände von Mazzarò und Isola Bella.
www.traveltaormina.com, 8–20 Uhr, im Sommer bis 1.30 Uhr, alle 15 Min., 6 € einfach

Sehenswert

1 Teatro Greco

| Amphitheater |

9 *Großartiges Denkmal und schönste Bühne der Welt*

Der Name des Wahrzeichens Taorminas täuscht, denn das Theater wurde im 2. Jh. v. Chr. als römischer Bau auf den Fundamenten eines hellenistischen Theaters errichtet. Typisch für die altgriechische Zeit ist die wunderschöne Lage, eingebettet in den Hang: Das beeindruckende Panorama, das man von hier genießt, bietet eine traumhafte Theaterkulisse und unzählige Postkartenmotive. Dank seines Durchmessers von 109 Metern konnte es bis zu 5400 Zuschauer aufnehmen. Somit ist es das zweitgrößte klassische Theater Siziliens nach dem von Syrakus. Die oberen zentralen Sitzplätze bieten die beste Aussicht.

■ V. Teatro Greco/V. Bagnoli Croci, Tel. 09 42/510 01, www.parconaxostaormina.com, tgl. ab 9 Uhr, Schließzeit je nach Saison, siehe Website, 10 €, erm. 5 €

2 Villa Comunale

| Park |

Die öffentliche Parkanlage der Stadt präsentiert sich auf einer Länge von

Die Isola Bella ist über eine Sandbank mit dem Strand von Mazzarò verbunden

knapp 300 Metern und einer Breite von 70 Metern als typischer englischer Garten mit vielen seltenen Pflanzen. Sie gehörte ursprünglich zum Haus von Lady Florence Trevelyan, Cousine von Queen Victoria, die ab 1884 in Taormina wohnte, da sie dessen ehemaligen Bürgermeister, den Professor Salvatore Cacciola, geheiratet hatte.

■ V. Bagnoli Croci, tgl. 9–24, im Winter bis 20 Uhr, Eintritt frei

3 Palazzo Corvaja

| Palast |

Da der mittelalterliche Palazzo in mehreren Phasen zwischen dem 13. und dem 15. Jh. erbaut wurde, zeigt er arabische, byzantinische und normannische Elemente. Er besticht durch seinen mit Zinnen versehenen, arabischen Wehrturm aus dem 11. Jh. und die dreibogigen Fenster. In dem angeschlossenen Gebäude versammelte sich Anfang 1400 das erste sizilianische Parlament. Heute beherbergt der Palast das Tourismusbüro der Stadt und die ethno-anthropologische Sammlung Panarello.

■ P.za Vittorio Emanuele II, bis auf Weiteres wg. Restaurierung geschlossen

4 Piazza IX Aprile

| Platz |

Die Flaniermeile Corso Umberto I wird an der Piazza breiter und bietet eine große sonnige Aussichtsterrasse, wo man einen atemberaubenden Ausblick aufs Meer hat. Hier spielen Kinder, während sich die Erwachsenen unterhalten. An dem Platz befinden sich der Turm Torre dell'Orologio und das Café Wunderbar.

■ C.so Umberto I

5 Basilica San Nicolò di Bari

| Dom |

Die dreischiffige Kathedrale mit lateinischem Kreuz stammt aus dem 13. Jh. und wurde mehrmals umgebaut. Die rechteckige, eher strenge Fassade, die an eine Festung erinnert, wird durch Zinnen aufgelockert. Gegenüber erhebt sich auf ein paar Stufen ein Barockbrunnen aus dem Jahr 1635 mit Wasserspielen.

■ P.za del Duomo

6 Isola Bella

| Strand |

19 *Bezauberndes Kleinod im azurblauen Meer*

Ein 800 Quadratmeter großer Felsen ragt aus dem Meer: Es handelt sich

eigentlich um keine Insel, er ist mit der Küste durch einen schmalen Sandstreifen verbunden, der bei Flut verschwindet und bei Ebbe wieder auftaucht. Auf der kleinen Insel wachsen auch exotische und seltene Pflanzen, daher ist sie 1998 zum Museo Naturalistico di Isolabella – Taormina Mare ernannt worden. Der schmale Kieselstrand gegenüber ist im Sommer überfüllt, während er in der Nebensaison dagegen oft verträumt und verlassen daliegt: Man erreicht ihn direkt von der Straße SS 114 über knapp 130 Treppen.
■ V. Nazionale (SS 114), Tel. 09 42/510 01, tgl. 9–19 Uhr, 4 €, erm. 2 €

Parken

Parkplatz Porta Catania, nur 200 Meter vom Corso Umberto entfernt. Die Parkgebühren sind im Juli und August und an den Feiertagen teurer. ■ Tel. 09 42/ 62 01 96, www.traveltaormina.com, zu den Parkgebühren kommt zusätzlich 1 € Stadtgebühr, Plan S. 98/99 a2

Restaurants

€ | Osteria da Rita In der traditionsreichen Trattoria in der Altstadt genießt man frische Fischgerichte. Man kann hier allerdings nicht reservieren. ■ . V. Calapitrulli 3, Tel. 09 42/68 10 15, Plan S. 98/99 c2

€€ | La bottega del formaggio Lokal mit ausgezeichneten Wurst- und Käseplatten. ■ V. Bagnoli Croce 28, Tel. 09 42/235 94, Plan S. 98/99 d3

€€€ | La Grotta azzurra Das kleine Lokal mit Terrasse serviert Fisch und Meeresfrüchte mit Nudeln, roh und gegrillt. ■ V. Bagnoli Croci 2, Tel. 09 42/ 557542, tgl. 10.30–24 Uhr, Plan S. 98/99 d3

Bühne

Teatro Greco Eine Opernaufführung oder ein klassisches Konzert im antiken Freilichttheater ist ein unvergessliches Erlebnis. Gespielt wird zwischen Mai und Juli. ■ V. Teatro Antico/V. Bagnoli Croci, www.taorminaoperastars.it

Kneipen, Bars und Clubs

Q Lounge Bar Die Cocktailbar auf einem pittoresken kleinen Platz ist ideal für Drinks und kleine Snacks – im Sommer bis spätnachts geöffnet. ■ Piazzetta F. Paladini 6, Tel. 09 42/212 96, tgl. 11–3 Uhr, Plan S. 98/99 b3

Sport

Blue Sea Diving Center Im Herzen des Naturreservats der Isola Bella bietet das Tauchcenter neben Tauchkursen auch schöne Stunden beim Schnorcheln und Stehpaddeln. ■ V. Nazionale 230, 98039 Taormina, Mobil 329/412 49 93, www.blueseadiving.it, Plan S. 98/99 f3

In der Umgebung

Castelmola

| Aussichtspunkt |

Die natürliche Aussichtsplattform mit Blick über Taormina und die ganze Küste des malerischen mittelalterlichen Bergorts ist auch zu Fuß auf verschiedenen Wanderungen zu erreichen, beispielsweise ab der Via Crucis oder auf dem Weg Sentiero dei Saraceni. Castelmola gehört zu den Borghi più belli d'Italia (S. 117), den schönsten Dörfern Italiens, und ist wegen seines Mandelweins bekannt, den man in der Bar Turrisi (V. Pio IX 19, 98030 Castelmola, tgl. 10–2 Uhr) kosten kann.

41 Giardini Naxos

Die erste griechische Kolonie auf Sizilien

Am Kap Schisò, das ein Lavastrom geformt hat, liegen die Ruinen von Naxos, der ersten griechischen Kolonie auf Sizilien. Die Stadt wurde 735 v. Chr. von Siedlern aus Euböa gegründet und 403 von Syrakus zerstört. Etliche Reste sind im archäologischen Park mit Museum zu sehen. Zum Badeort Giardini Naxos kommen die Touristen heute aber vor allem wegen der schönen Strände, des kristallklaren Meeres und des milden Klimas, das auch im Winter für eine üppige Vegetation sorgt. Der Jugendstilbahnhof Taormina-Giardini Naxos ist ein Juwel.

Sehenswert

Parco Archeologico
| Ausgrabungsstätte |
Im archäologischen Park gibt es zwar wenige, aber interessante Reste des alten Naxos wie einen (vielleicht) der Venus geweihten Tempel aus dem 5. Jh. v. Chr. und Grabstätten aus der Bronzezeit zu sehen.
■ Lungomare Schisò, 98035 Giardini Naxos, Tel. 09 42/510 01, www.parconaxostaormina.com, Sommer tgl. 9–19 Uhr, 4 €, erm. 2 €,

42 Gole dell'Alcantara

Faszinierende Schlucht zwischen beeindruckendem Basaltgestein

Information

■ V. Agonia, 95036 Randazzo, Tel. 09 42/38 80 20, www.parcoalcantara.it

Der Fluss Alcantara, der in den Bergen des Parco dei Nebrodi in einer Höhe von 1250 Metern entspringt, bahnte sich in den letzten 8000 Jahren seinen Weg durch die Lavamassen und formte die Schlucht des Alcantara mit bizarren, bis zu 50 Meter aufragenden Basaltfelsen. Auf der knapp 1,5 Kilometer langen, nicht sehr steilen Wanderung durch die beeindruckende, 500 Meter lange Schlucht entdeckt man eine reiche und vielfältige Flora. Das Gebiet wurde 2001 zum Regionalpark Parco fluviale dell'Alcantara erklärt. Der Fluss trocknet im Hochsommer nicht aus, deshalb ist die beste Besuchszeit zwischen Mai und September, wenn das immer kalte Wasser etwas niedriger steht.

Sehenswert

Parco Botanico e Geologico Gole Alcantara
| Naturpark |
Im 100 Hektar großen Park innerhalb des Parco fluviale dell'Alcantara bestaunt man die Schlucht beim Wandern, Rafting oder bei einer Shuttle-Tour. Ein Aufzug bringt Wanderer bis zu einem kleinen Strand (Spiaggetta).
■ V. Nazionale 5, 98030 Motta Camastra, Tel. 09 42/98 50 10, www.golealcantara.it; Wasserspielplatz SprayPark, Ende Juni–Mitte Sept., 12 €, Kinder 9 €

Einkaufen

Terralcantara Die Azienda verkauft allerlei Produkte aus biologischem Anbau, die in der Schlucht des Alcantara hergestellt werden, wie Liköre, Marmeladen und Aufstriche. ■ Contrada Larderia, 98030 Motta Camastra, Tel. 0942/98 50 10, www.terralcantara.com, tgl. 9–17 Uhr

Der Alcantara hat über Jahrtausende die gleichnamige Schlucht ausgewaschen

43 Savoca

In diesem Bergdorf wurde der Film »Der Pate« gedreht

Information

■ P.za G. D'Annunzio 1, 98038 Savoca, Tel. 09 42/76 11 25, www.comunesavoca.gov.it

Inmitten der Monti Peloritani liegt das Dorf, das als Kulisse für den Film »Der Pate« von Francis Ford Coppola diente. Der Überlieferung nach hat die mittelalterliche Ortschaft, die in knapp 330 Meter Höhe thront, sieben Gesichter (»sette facce«). Vielfältig und fast unberührt ist die Landschaft in dieser archaischen Region, wo die Zeit stillzustehen scheint. Überall öffnen sich atemberaubende Ausblicke wie am Pizzo di Cucco. Savoca gehört zu den schönsten Dörfern Italiens (S. 117).

Sehenswert

Bar Vitelli

| Bar |

Seit den Dreharbeiten zu »Der Pate« (1972) ist die Bar Kult. An den Wänden hängen Bilder und Filmausschnitte, es gibt sogar ein winziges dem Film gewidmetes Museum. Unbedingt probieren sollte man die »granita« aus Zitronen – am besten draußen mit wunderschönem Panorama.

■ P.za Fossia 7, Tel. 09 42/76 14 01, tgl. 9–20.30 Uhr

Convento dei Cappuccini

| Krypta |

In der Krypta des Klosters bietet sich ein makabres Spektakel: völlig bekleidete und intakte Mumien von Adeligen und Mönchen aus dem 18. Jh.

■ V. Cappuccini 10, Mobil 380/694 84 08, www.camminifrancescanisicilia.it, tgl. 9.30–19.30 Uhr

Übernachten

Geprägt von der Silhouette des Ätna und einer bezaubernden Küste ist die Landschaft der Region – und auch die Auswahl an Unterkünften: am liebsten mit Blick auf den Vulkan, auf die Faraglioni der Zyklopen oder auf das Ionische Meer. Selbst im Herzen der Stadt muss man auf diese Panoramablicke nicht verzichten. Direkt am Meer liegen größere Hotels, die für einen Strandurlaub mit allem Komfort sorgen – samt traumhaftem Panorama.

Catania 88

€ | B & B Crociferi Zwischen Palästen, Kirchen und Klöstern im Barockstil bietet das B & B elegante Zimmer mit Fresken und Balkonen. Frühstück mit Bio-Produkten und Süßspeisen. ■ V. Crociferi 81, 95124 Catania, Tel. 095/715 22 66, www.bbcrociferi.it

€ | Best Western Hotel Mediterraneo 63 mit allem Komfort ausgestattete Zimmer garantiert das Drei-Sterne-Hotel im Zentrum von Catania mit gutem Preis-Leistungs-Verhältnis. Sizilianisches Frühstück mit frischem Orangensaft. ■ V. Dottor Consoli 27, 95124 Catania, Tel. 095/32 53 30, www.hotelmediterraneoct.com

€€ | Katane Palace Hotel Das zentral gelegene Vier-Sterne-Hotel verfügt über gemütliche und elegante Zimmer und ein Restaurant mit Patio. ■ V. Camillo Finocchiaro Aprile 110, 95100 Catania, Tel. 095/747 07 02, www.katanepalace.it

€€€ | Palace Catania UNA Esperienze Das moderne Vier-Sterne-Hotel in der Nähe des Amphitheaters beeindruckt mit einer wunderschönen Dachterrasse: Das Restaurant Etnea Roof serviert neben Mahlzeiten auch Cocktails und Drinks sowie Häppchen bei der Happy Hour von 19.30 bis 22.30 Uhr – immer mit schönem Blick auf den Ätna. ■ V. Etnea 218, 95131 Catania, Tel. 095/250 51 11, www.gruppouna.it

Aci Castello 95

€€ | President Park Hotel An einem Hang gelegen, bietet das Hotel in der Form eines Amphitheaters rund um den Pool ein großartiges Panorama auf das Meer und Aci Trezza. Elegant ausgestattete Zimmer, reichliches Frühstück, serviert im Panoramasaal, und gutes Restaurant. ■ V. Vampolieri 49, 95021 Aci Castello, Tel. 095/711 61 11, www.presidentparkhotel.com

Acireale 97

€ | La Durlindana B & B Umgeben von einem grünen Garten bietet das B&B komfortable Doppel- und Dreibettzimmer. Haustiere dürfen auch mitkommen. ■ V. Cosentini 18, 95024 Acireale, Mobil 392/230 42 80

€€€ | Hotel Santa Tecla Palace Inmitten des Naturreservats Timpa bietet das Vier-Sterne-Hotel einen entspannten Aufenthalt in 180 raffinierten Zimmern, für deren Ausstattung Lavagestein und Olivenbaumholz verwendet wurden. Es stehen vier Restaurants zur Verfügung. ■ V. Balestrate 100, 95024 Santa Tecla, Tel. 095/7634015, www.hotelsantatecla.it

Taormina 98

€ | B & B Porta del Re Neben der Porta Messina bietet die gemütliche Unterkunft komfortable, hübsche Zimmer und ein typisch sizilianisches Frühstück. ■ V. L. Pirandello 3, 98039 Taormina, Mobil 349/4208352, www.bbporta delre.com

€€€ | Excelsior Palace Hotel Das 1904 eröffnete historische Hotel mit orientalisch anmutender Fassade liegt in traumhafter Lage hoch über dem Golf mit Blick aufs Meer. Ein Spaziergang im großen Garten ist ein Erlebnis. Relaxen kann man am großen Pool mit atemberaubender Aussicht, auf der Sonnenterrasse oder in den gemütlichen Salons. Raffinierte Zimmer mit allem Komfort und das reichliche Frühstück mit hausgemachten Süßspeisen lassen kaum Wünsche offen. ■ V. Toselli 8, 98039 Taormina, Tel. 0942/23975, www.excelsiorpalace taormina.it

20 **€€ | Hotel Isabella** Das kleine Hotel liegt im Herzen Taorminas. Die meisten der 30 eleganten Zimmer blicken auf die Flaniermeile Corso Umberto I – einige haben kleine Balkone mit Meerblick. Ihre charmante Einrichtung kombiniert die Farbtöne Blau und Goldgelb. Im Sommer wird das vielfältige Frühstück auf einer Panoramaterrasse mit Blick auf das Teatro Greco und auf Naxos serviert. Das Haus verfügt über einen traumhaften privaten Kieselstrand am Lido Caparena, den man mit dem Hotel-Shuttle in ein paar Minuten erreicht. Gutes Preis-Leistungs-Verhältnis. ■ C.so Umberto 58, 98039 Taormina, Tel. 0942/23153, www.hotel-isa bella.it

€€€ | Hotel Villa Diodoro Das Flair alter Zeiten spürt man überall in dem traditionsreichen Edelhotel mit Blick auf den Golf. Eingebettet in eine üppige mediterrane Vegetation, beeindruckt die klassisch eingerichtete Unterkunft auch mit einem majestätischen Speisesaal und einem Pool mit Ausblick auf den Ätna. ■ V. Bagnoli Croci 75, 98039 Taormina, Tel. 0942/23312, www.hotelvilladiodoro.com

Giardini Naxos 102

€ | Hotel Nike Direkt am Meer an einer kleinen Bucht gelegen, bietet das Vier-Sterne-Hotel 48 komfortable Zimmer und ein gutes Frühstücksbüfett sowie einen Swimmingpool, Solarium und Privatstrand. ■ V. Calcide Eubea 27, 98030 Giardini Naxos, Tel. 0942/51207

€ | Villa Linda Nah am Strand bietet das Hotel gemütliche Zimmer, die meisten mit Blick aufs Meer. Freundliches Personal und gutes Frühstück. ■ V. Recanati 2, 98035 Giardini Naxos, Tel. 0942/54008, villa-linda-giardini-naxos.hotel-mix.de

Savoca 103

€€ | Resort Borgo San Rocco In wunderschöner Lage mit Blick auf die Küste Taorminas verfügt das Hotel über 21 Zimmer mit einfachem, doch raffiniertem Mobiliar im regionalen Stil und einen Swimmingpool. Zum Frühstück bekommt man Obst aus der Umgebung und Bio-Produkte. ■ V. San Rocco, 93038 Savoca, Tel. 0942/761234, www.borgosanrocco.com

Der Nordosten und Norden

Strände, Küsten, Bergregionen und ein Archipel für Sonnenhungrige, Aktivurlauber und Geschichtsliebhaber

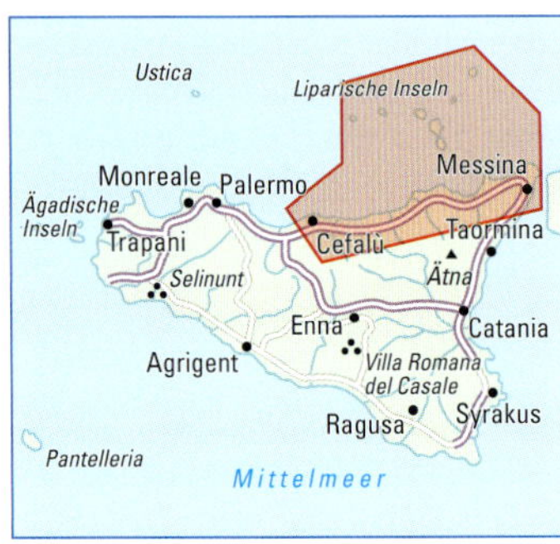

Die wichtige Seehandelsroute an der Meerenge von Messina hat das Schicksal der modernen Hafenstadt Messina, die einzigartige Kunstschätze hütet, geprägt. An der Küste entdeckt man bereits aus der Ferne die hohe Festung von Milazzo, das neben dem Fährhafen zur Liparischen Inselgruppe auch eine charmante Altstadt bietet.

Aus sieben Inseln vulkanischen Ursprungs besteht der bezaubernde Archipel, auf dem man nicht nur einen aktiven Vulkan, sondern auch ein glasklares Meer, wunderschöne Tauchgänge, Wanderwege in einer atemberaubenden Natur und authentische Inselküche erleben kann – ein Dorado nicht nur für Aktivurlauber, denn überall sind hier Zeugnisse der Antike zu entdecken. Auf die Inseln blickt Tindari mit dem griechischen Theater, der Madonna Nera und einer wunderbaren Lagune sowie der Badeort Capo d'Orlando, der neben einem schönen langen Strand malerische Buchten und eine bezaubernde Hügellandschaft bietet. Die Stadt gilt als Tor zum Parco dei Nebrodi, einer ganz besonderen Bergregion mit unzähligen Wanderwegen und schönen kleinen Dörfern. An der Küste zieht Cefalù wie ein Magnet jeden an: Das alte Fischerdorf mit großartigen Kunstschätzen und einem goldgelben feinen Sandstrand hat sein ursprüngliches Flair bewahrt. Kontrastprogramm bietet das Massiv der Madonie im gleichnamigen Naturpark.

ADAC Mobil

Mit der **Bahn** fährt man an der Küste entlang günstig von Messina nach Palermo und genießt das atemberaubende Panorama.

In diesem Kapitel:

ADAC Top Tipps:

Liparische Inseln

| Archipel |

Die sieben Vulkaninseln, die aus dem türkisblauen Tyrrhenischen Meer herausragen, zählen zum UNESCO-Welterbe. 110

ADAC Empfehlungen:

Filippino, Lipari

| Restaurant |

Seit über 100 Jahren zelebriert das Restaurant mit guten Fischgerichten die Küche des Archipels. 111

Santuario Maria SS.ma del Tindari

| Wallfahrtskirche |

Von dem beliebten Pilgerort aus genießt man einen spektakulären Blick auf die Lagune von Marinello. 115

Borgo San Gregorio, Capo d'Orlando

| Fischerdorf |

Urige Fischerhäuser umrahmen die malerische Bucht mit Blick auf die Liparischen Inseln. 116

Parco dei Nebrodi

| Naturpark |

Rund um die Monti Nebrodi wandert man in der Natur mit einzigartigen Ausblicken. 117

Duomo San Salvatore, Cefalù

| Dom |

Meisterwerk der normannischen Architektur mit goldenen Mosaiken und UNESCO-Welterbe. 118

44 Messina

Das Tor zu Sizilien liegt dem italienischen Festland am nächsten

Information

■ V. Consolato del Mare 19, 98122 Messina, Tel. 090/776 10 48

■ Parken: Parkhaus Cavallotti, V. Magazzini Generali (1 €/Std., 9 €/Tag)

Nur drei Kilometer trennen die Provinzhauptstadt von Kalabrien, das am Hafen fast greifbar scheint. Die drittgrößte Stadt Siziliens verdankt ihre Bedeutung der strategischen Lage an der gleichnamigen Meerenge. Mit dem Naturhafen war sie schon immer ein Ort der Völkerbegegnung. Darauf basieren auch zahlreiche Mythen, insbesondere die über die Meeresungeheuer Skylla und Charybdis. Gegründet von den Griechen um 730 v. Chr., wurde Messina mehrmals zerstört. Das Erdbeben von 1908 und die Luftangriffe im Zweiten Weltkrieg legten sie in Schutt und Asche. Die moderne Stadt begrüßt die Besucher mit der Madonnina del Porto und dem schönen Dom.

Sehenswert

Duomo

| Dom |

Nach den Bombardierungen von 1943 wurde der 1197 gebaute Normannendom neu errichtet. Er besticht mit seinem Hauptportal und dem Glockenturm mit der weltweit größten astronomischen Uhr. Jeden Tag beginnt um 12 Uhr ein zwölfminütiges Spektakel: Dabei brüllt ein vier Meter hoher Löwe, Symbol der Provinz Messina, und kräht ein 2,20 Meter hoher Hahn. Innen bestaunt man die größte Orgel Italiens.

■ P.za Duomo, Tel. 090/67 51 75, tgl. 7.30–12.30, 16–19.30 Uhr, Glockenturm: Sommer tgl. 10–13, Di bis 15.30 Uhr, 5 €, erm. 2,50 €, mit Domschatz 7,50 €, erm. 4 €

Blick auf Messina mit dem Hafen im Hintergrund

ADAC Mittendrin

Die Brücke Messina
Das umstrittene Projekt einer Brücke über den Stretto di Messina wurde schon mehrmals begraben und wieder ausgegraben. Die Regierung von Giorgia Meloni hat das Projekt in den Haushalt 2023 aufgenommen. Die neue Brücke soll 3,6 km lang sein und an zwei fast 400 m hohen Stahlträgern aufgehängt werden. Die Bauzeit wird auf vier bis fünf Jahre geschätzt.

Fontana di Orione

| Brunnen |

Neben dem Dom imponiert der von Giovanni Angelo Montorsoli 1547 gemeißelte Renaissance-Brunnen: Er stellt Orion, einen der mythischen Gründer Messinas, dar. Zu seinen Füßen sieht man die Flüsse Nil, Tiber, Ebro und den sizilianischen Camaro.

Santissima Annunziata dei Catalani

| Kirche |

Die Normannenkirche aus dem 12. Jh. mit einer schlichten Fassade, drei Portalen und einer eindrucksvollen Apsis hat Erdbeben und Luftangriffe überstanden.

■ V. Giuseppe Garibaldi 111, tgl. 8.30–10.30 Uhr

Museo Regionale di Messina

| Museum |

Gezeigt werden in dem in einer ehemaligen Seidenmanufaktur untergebrachten Museum Kunstwerke aus der Zeit zwischen dem 12. und 18. Jh., darunter ein Polyptychon des berühmtesten Sohnes der Stadt, Antonello da Messina (1430–1479), und zwei große Werke von Caravaggio.

■ V.le della Libertà 465, Tel. 090/3612 92, Di–Sa 9–19, So, Fei 9–13.30 Uhr, 8 €, erm. 4 €

Restaurants

€ | La Tasteria Verschiedenste belegte Panini und Toasts mit frischen lokalen Produkten vom Allerfeisten. ■ V. Garibaldi 114, Tel. 090/7713 49, www.latasteria.it, tgl. 11–16 u. 19–23 Uhr

45 Milazzo

Antike Zitadelle mit Blick auf die Liparischen Inseln

Information

■ V. Caio Duilio 20, 98057 Milazzo, Tel. 090/922 28 65

Die meisten Touristen kennen die Stadt nur als Hafen für die Fahrt zu den Liparischen Inseln, aber sie gehört zu den Borghi più belli d'Italia (S. 117). Sie bietet eine hübsche Altstadt mit vielen, abends rappelvollen Gassen, eine lange Uferpromenade (Lungomare Garibaldi) und eine Burg in strategisch wichtiger Lage. Im Vorgebirge Capo Milazzo genießt man einen großartigen Blick auf die Liparischen Inseln.

Sehenswert

Castello di Milazzo

| Festung |

Die imposante Festung auf einer Fläche von sieben Hektar wurde unter der Herrschaft des Stauferkönigs Friedrich II. errichtet. Im 16. Jh. bauten die Spanier einen schützenden Ringwall aus, von dem aus man einen fantastischen Blick auf die Stadt hat.

■ Sal. Castello 18, Tel. 090/9221291, Di–So 9–18.30, Sommer 9–13.30, 16.30–20.30 Uhr, 5 €, erm. 3,50 €

Einkaufen

Colosi Malvasia-Wein wird auch auf dem 10 ha großen Weinberg von Salina angebaut. ■ Fraz. Giammoro, 98042 Pace del Mela, Tel. 090/9385549, www.cantinecolosi.it, Mo–Fr 8–13.30, 15–17.30 Uhr

46 Liparische Inseln

Die sieben Schönheiten: Vulkanarchipel in glasklarem Wasser

Information

■ C.so Vittorio Emanuele II 247, 98055 Lipari, Tel. 090/9814257, www.eolieproloco.it

■ Im Hochsommer verkehren von Milazzo aus Schnellboote und Fähren mehrmals täglich zu den Inseln. Die Schnellboote halten an allen Inseln, die Fahrt nach Alicudi, der entferntesten Insel, dauert ca. drei Stunden. Alle Fährverbindungen zum Archipel siehe S. 135.

Der Archipel liegt 20 bis 60 Kilometer vor der Nordküste Siziliens und besteht aus sieben Inseln: Alicudi, Filicudi, Lipari, Panarea, Salina, Stromboli und Vulcano, die aus dem Meer ragende Spitzen großer Vulkane sind. Trotz gemeinsamer Entstehungsgeschichte präsentieren sich die Inseln sehr unterschiedlich. Da Vulkane die Landschaft unter Wasser bestimmen, hat man überall eine unglaublich klare Sicht bis in eine Tiefe von 40 bis 50 Metern. Bereits im 5. Jh. v. Chr. ließen sich Einwanderer aus Sizilien hier nieder und begannen mit dem Handel von Obsidian und Bimsstein. Heute leben die Inseln hauptsächlich vom Tourismus und dem Anbau von Kapern und Malvasia-Trauben. Seit 2000 gehört der Archipel zum UNESCO-Welterbe.

ADAC Wussten Sie schon?

Äolische oder Liparische Inseln? Italiener verwenden beide Bezeichnungen, mit einer Vorliebe für »Isole Eolie«.

Lipari

Hauptinsel der gleichnamigen Inselgruppe

Die größte Insel des Archipels entstand vor etwa 70000 Jahren. Ihr Herz schlägt am Hafen von Marina Corta, wo in der Kirche Madonna della Neve das ganze Jahr über eine Krippe mit Figuren aus dem Fischerleben steht. Über die Via Garibaldi erreicht man den Corso Vittorio Emanuele, wo sich Laden an Laden reiht und die Inselschätze – der schwarze Obsidian und der schneeweiße Bimsstein – verkauft werden. Über der Stadt erhebt sich der Burgberg mit der Kathedrale. Vom Panoramapunkt Osservatorio Geofisico in der Contrada Falcone hat man eine grandiose Aussicht auf das offene Meer und die Nachbarinsel Vulcano.

Sehenswert

Museo Archeologico Regionale Eoliano

| Museum |

Im Archäologischen Museum auf dem Burgberg ist eine chronologisch geord-

nete Sammlung untergebracht, vor allem Funde aus Grabungen auf den Liparischen Inseln. Beeindruckend ist der Saal mit antiken, bis zur Decke gestapelten Amphoren.
■ V. del Castello, Tel. 090/988 0174, Mo–Sa 9–19.30, So, Fei bis 13.30 Uhr, 6 €, erm. 3 €

Restaurants

21 **€€ | Filippino** Über 100 Jahre altes, traditionsreiches Familienrestaurant. Signor Antonio Bernardi bietet täglich fangfrischen Fisch. Die zarten roten Garnelen als Antipasto sind ein echtes Erlebnis, genauso wie die köstliche Fischsuppe Zuppetta del Nonno Filippino. ■ P.za Mazzini, Tel. 090/98110 02, www.filippino.it, tgl. 11.30–15, 19–23 Uhr

Cafés

Il Gabbiano Ein Paradies für »granita«-Nascher. Vor allem die »granite« aus Kaffee mit Sahne sind hier ein Gedicht. ■ P.za di Sant'Onofrio, Tel. 090/9811471

Sport

Diving Center La Gorgonia Seit 1992 ist das Tauchcenter in Marina Corta Garant für spannende Tauchgänge. Auch Tauchkurse für Jung und Alt. ■ Sal. S. Giuseppe, Tel. 090/9812616, www.lagorgoniadiving.it

Erlebnisse

Auf der Panoramastraße vor dem Ortsteil Porticello sorgt ein ehemaliges **Bimssteinbergwerk** für weiße Felswände über und unter Wasser – und für atemberaubende Farbkontraste.

Bootsfahrt mit dem Schnellboot zur Insel Stromboli

Salina

Von Vulkanausbrüchen geschaffene grüne Perle

Didyme haben die alten Griechen die zweitgrößte Insel des Archipels mit den grün bewachsenen Hängen genannt. Beeindruckend ist das Panorama der zwei erloschenen Vulkankegel, Monte Fossa delle Felci (962 m) und Monte dei Porri (860 m), die das gleichnamige Naturschutzgebiet umfassen. Zwischen den beiden liegt ein Tal, das die Lava vor Tausenden von Jahren bildete und sich sanft auf beiden Seiten bis zum Meer erstreckt. In der Ortschaft Lingua liegt ein verträumter Salzsee. Vom Ortsteil Malfa aus kann man die Ausbrüche des Vulkans Stromboli am besten beobachten.

Im Blickpunkt

Kapern aus Salina

Auf Salina wachsen Kapern überall wild, werden aber auch gezielt angebaut:, vor dem Ausbau des Tourismus spielten sie eine wichtige wirtschaftliche Rolle. Es gibt sie in klein, mittelgroß oder groß. In der sizilianischen Küche hängt die Wahl der Kaperngröße vom jeweiligen Gericht ab. In Salz eingelegt, halten Kapern bis zu drei Jahre lang.

Sehenswert

Pollara
| Bucht |
Verstreut wie bunte Farbflecken liegen die Fischerboote an der malerischen Bucht mit den Bootshäusern. In dem auf der hohen Steilküste gelegenen Ort wurde 1994 ein großer Teil des mit einem Oscar gekrönten Films »Il postino« von Michael Radford über Pablo Neruda gedreht.

Einkaufen

I Sapori Eoliani Kapern in verschiedenen Größen, »cucunci« (Kapernfrüchte), Aufstriche und Cremes. ■ V. Leni 20, Pollara, Mobil 339/817 67 16, www.saporieolianisalina.it, Mo–Sa 9–20 Uhr

Cafés

Da Alfredo Zum König der »granita« pilgern alle – zur Abwechslung gibt es leckeres »pane cunzato« (belegtes Fladenbrot). ■ V. Marina Garibaldi, Loc. Lingua, Tel. 090/984 30 75, tgl. 9–24 Uhr

Wandern

Vom Gipfel des Monte Fossa delle Felci hat man einen grandiosen Blick auf den Monte Porri, Lipari und Vulcano. Richtung Westen erkennt man Alicudi und Filicudi. ■ Start an der Wallfahrtskirche Madonna del Terzito in Valdichiesa, Leni, Dauer ca. 2 Std.

Panarea

Kleinste und älteste Insel des Archipels

Vor 600 000 Jahren tauchte die kleine Insel aus dem Meer auf. Zusammen mit den Felsen Basiluzzo, Dattilo, Lisca Nera und Lisca Bianca bildet sie einen Miniarchipel, der aus den Resten eines ins Meer gestürzten Kraters besteht. Neben schicken Boutiquen und trendigen Lokalen bietet sie eine unbeschreiblich schöne Natur. Bei einer Wanderung zum höchsten Punkt der Insel, Punta del Corvo, genießt man einen fantastischen Blick. Das Meer ist überwiegend ohne Sand und mit Felswänden unter Wasser bis in 100 Meter Tiefe.

Restaurants

€€ | Cusiritati Typische Küche mit viel Fisch, Gemüse und Kapern über dem Hafen San Pietro. ■ V. San Pietro, Tel. 090/98 30 22, www.cusiritati.it, tgl. ab 12 Uhr

Sport

EOLOSUB Diving Center Beim Hafen, unterhalb des Hotels Cincotta, bietet das Center geführte Tauchausflüge, ARA-Nitrox- und Apnoe-Kurse. ■ Contrada San Pietro, beim Hotel Cincotta, Mobil 338/824 27 25, www.eolosub.it

Stromboli

Insel mit dem gleichnamigen, aktiven Vulkan

Die Ausbrüche des aktivsten Vulkans Europas finden in regelmäßigen Abständen statt: Normalerweise spuckt »Iddu« (so nennen ihn die Einheimischen) alle 15 Minuten Lavafontänen in den Himmel. Beeindruckend ist die Sciara del Fuoco, eine Straße aus Lava, die vom Krater in 918 Meter Höhe bis in die Tiefe des Meeres hinabreicht. Berühmt wurde die Insel durch Roberto Rossellinis »Stromboli, terra di Dio«.

Restaurants

€€ | Pizzeria l'Osservatorio Schmackhafte Pizzen genießt man mit Blick auf den Vulkan – nach einem einstündigen Spaziergang oder einer Fahrt mit der Ape. ■ V. Salvatore di Losa, Punta Lo Bronzo, Tel. 090/958 69 91, tgl. 11–22 Uhr

Wandern

Die klassische Wanderung in der Nacht beginnt 3 Std. vor Sonnenuntergang und dauert circa 5 Std. – über 400 Meter Höhe darf man nur mit einem Führer den Vulkan besteigen. ■ www.ilvulcanoapiedi.it

Vulcano

Der Name der Insel stammt vom römischen Feuergott Vulcanus

Knapp ein Kilometer trennt Vulcano von Lipari und somit liegt die südlichste der Inseln dem Festland am nächsten. Mit Schwefelgeruch prägen Fumarolen und ein Fangotümpel beim Hafen das Inselbild. Der schwarze Strand am Porto di Ponente ist dank des flachen Wassers ideal für Kinder. Nach einer einstündigen Wanderung erreicht man den Gran Cratere: Dort kann man in den Krater sehen.

Fischerboote in der schmalen Bucht von Pollara auf der Insel Salina

Auf Aicudi sind die Ansiedlungen über Steintreppen miteinander verbunden

Filicudi

Das Ziel für Natur- und Geschichtsliebhaber

Auf der neun Quadratkilometer großen Insel stammen die Ruinen auf der Halbinsel Capo Graziano aus der Bronzezeit. Mit ihrem schönen Wegenetz ist die Insel ein Dorado für Wanderer und dank vieler Meeresgrotten ein wahres Tauchparadies. Trotzdem machen die meisten nur einen Tagesausflug hierher. Auf dem Felsen La Canna, der im Westen der Insel 71 Meter aus dem Meer ragt, nisten Eleonorenfalken. Mitte August findet hier die kleinste Biennale der Welt statt.

Alicudi

Die Insel erschließt man sich auf Treppenwegen

Stille und Einsamkeit verspricht die westlichste Insel des Archipels. Ihr Landschaftsbild wird vom erloschenen Vulkan Monte Filo dell'Alpa und hohen Steilwänden beherrscht. Auf der fünf Quadratkilometer kleinen Insel gibt es nur gepflasterte Treppenwege: Esel tragen alles Lebensnotwendige zu den Häusern, und zum dunklen Kieselstrand Bazzina geht es nur zu Fuß oder mit dem Boot. Es gibt nur einen Lebensmittelladen, und der lebendigste Moment des Tages ist die Ankunft der Fähre: Die Natur hat hier das Sagen.

47 Tindari

Naturspektakel unter der beliebten Wallfahrtskirche

Information

■ V. Monsignor Pullano 43B, 98066 Patti, Tel. 09 41/215 88

Von den Griechen 396 v. Chr. auf einem 270 Meter hohen Kalksteinfelsen zu Ehren des mythischen Königs Tyndaros gegründet, erlebte das alte Tyndaris seine Blütezeit unter den Römern. Zum Gipfel schlängelt sich heute eine Serpentinenstraße hoch bis zur Wallfahrtskirche der schwarzen Madonna. Ein kurzer, mit vielen Souvenir- und Spezialitätenläden flankierter Weg führt zum Teatro Greco.

Sehenswert

Area Archeologica di Tindari

| Ausgrabungsstätte |

Das wahrscheinlich im 4. Jh. v. Chr. erbaute Theater des antiken Tyndaris liegt am Hang mit einem traumhaften Blick aufs Meer und die Liparischen Inseln. Interessant sind die Reste einer römischen Villa und einer Basilika. Das kleine Museum zeigt ein Modell der antiken Stadt.

■ V. del Teatro Greco, Tel. 09 41/36 90 23, 9 Uhr–1 Std. vor Sonnenuntergang, 6 €, erm. 3 €

Santuario Maria SS.ma del Tindari

| Wallfahrtskirche |

Überwältigender Blick auf die Sandbänke

Die moderne Kirche erhebt sich an der Stelle der antiken Agora und ist Ziel einer kontinuierlichen Wallfahrt von Pilgern zur schwarzen Madonna, deren Gnadenbild im 8./9. Jh. aus Byzanz hierherkam. Vom Belvedere aus hat man einen atemberaubenden Blick auf die Sandbänke, die aus dem türkisblauen Meer auftauchen und ein unglaubliches Farbspektakel bieten. Von einem Fenster des alten Heiligtums aus hat man die beste Sicht darauf.

■ V. Monsignor Pullano 12, Tel. 09 41/ 36 90 03, tgl. 6.45–12.30 u. 14.30–20, im Winter Mo–Sa bis 18, So, Fei bis 19 Uhr

Wandern

Riserva Naturale Orientata Laghetti di Marinello Karibische Farben herrschen im 378 Hektar großen Naturreservat mit einer Reihe merkwürdiger Sandbänke, deren Form und Farbe sich je nach Flut und Wetter ändern. Begegnungen mit Flamingos sind ein weiterer Höhepunkt. In der steil über dem Meer hängenden Grotta di Donna Villa findet man Stalaktiten und Stalagmiten. ■ Wanderweg Coda di Volpe, vom Santuario hin und zurück 5 km

48 Capo d'Orlando

Langer Sandstrand, türkisblaues Meer und Blick von den Hügeln

Information

■ P.za IV luglio (Stazione Ferroviaria), 98071 Capo d'Orlando, Tel. 0941/95 52 25

■ Parken: Lungomare, im Sommer 1 €/ Std.

Zwölf Kilometer lang erstreckt sich die Küste von Capo d'Orlando, teilweise an steilen Hängen. Der direkt vor dem Stadtzentrum gelegene breite Sandstrand wird von einem sieben Kilometer langen Lungomare mit Palmen gesäumt. Ein nagelneuer Bootshafen bereichert die Stadt, die auch als eine der sizilianischen Karnevalshochburgen bekannt ist.

Über der Stadt liegt das Heiligtum am Monte della Madonna, das man über knapp 300 Treppen erreicht. Von hier aus hat man ein schönes Panorama auf die Küste und das offene Meer bis hin zu den Liparischen Inseln. Am Abend explodiert der Himmel in Tausenden von Farben.

Sehenswert

Borgo San Gregorio

| Fischerdorf |

23 *Idyll mit Blick auf den Liparischen Archipel*

Vor dem pittoresken Fischerdorf mit kleinem, feinem Kieselstrand schaukeln bunte Fischerboote aus Holz im Wasser. Hinter den urigen Fischerhäusern startet der Sentiero Goletta, einer der schönsten Wanderwege der ganzen Region. Hier schrieb der Sänger Gino Paoli 1963 sein berühmtes Lied »Sapore di sale«.

Castello Bastione

| Museum |

Im Gebäude aus dem 17. Jh. befindet sich ein kleines ethnologisches Museum über den Zuckerrohr- und den Zitronenanbau, der den Reichtum der Gegend ausmachte.

■ Contrada Bastione 11, tgl. 9–13, 15–19 Uhr, Eintritt frei

Villa Piccolo

| Museum |

In der Villa vom Anfang des 20. Jh. hat die Familie Piccolo viele Kunstobjekte gesammelt – darunter auch Aquarelle von Casimiro Piccolo und Briefe des berühmten Cousins Giuseppe Tomasi di Lampedusa. Im bezaubernden Park gibt es einen Friedhof für Hunde.

■ SS 113, km 109, Mobil 380/648 80 15, www.fondazionepiccolo.it, Führungen: So, nur nach Anmeldung

Restaurants

€€ | **L'Ambasciata dei Nebrodi** Restaurant-Pizzeria mit typisch sizilianischer Küche. ■ V. Francesco Lo Sardo 20, Tel. 09 41/91 14 54, www.ristorantepizzeria lambasciata.it, Fr geschl.

€€ | **I Carusi** Leckere Gerichte aus frisch gefangenem Fisch an der romantischen Uferpromenade. ■ V. Andrea Doria 22, Tel. 09 41/91 41 41, tgl. 12.30–15, 20–23.30 Uhr

Wandern im südlichsten Buchenwald Europas im Parco dei Nebrodi

Einkaufen

Damiano Unwiderstehliche Trockenfrüchte – auch als Mousse und Aufstrich. ■ C.da Zappulla, 98070 Torrenova, Tel. 09 41/95 80 07, www.damianorganic.it

49 San Marco d'Alunzio

Lebendige Kunstgeschichte unter freiem Himmel

Information

■ V. Aluntina, 98070 San Marco d'Alunzio, Tel. 09 41/79 73 39

Das antike Alòntion liegt im Parco dei Nebrodi und gehört mit seinen 22 Kirchen zu den schönsten Dörfern Italiens (s. u.). Staunend steht man vor dem Tempio d'Ercole (4. Jh. v. Chr.) mit Blick auf die Küste. Von der Restmauer des 1061 erbauten Normannenkastells blickt man über die roten Dächer des Dorfs. Die Kirche Badia Grande zeigt ein Barockportal mit Putten, allegorischen Figuren und Verzierungen. Das Gebäude nebenan besitzt einen vergoldeten Holzbaldachin von 1704.

50 Parco dei Nebrodi

Wanderdorado im südlichsten Buchenwald Europas

Information

■ www.parcodeinebrodi.it

Seit seiner Gründung im Jahr 1993 umfasst der Naturpark circa 124 000 Hektar und 23 Gemeinden. Er bietet viele Wanderwege inmitten des südlichsten europäischen Buchenwalds, eine vielfältige Flora und sehr unterschiedliche Berglandschaften. Ein Erlebnis ist der Höhenweg Dorsale, der den Park von Ost nach West auf etwa 70 Kilometer durchquert. Hier trifft man auf Pferde, Ziegen, Schafe, Kühe – und auf das berühmte schwarze Schwein der Nebrodi. An den Rocche del Crasto auf 1315 Metern Höhe schweben Königsadler und Gänsegeier in der Luft. In den Dörfern entdeckt man unerwartete Schätze, wie ein Museum über traditionelle Kostüme, Mode und Accessoires des lokalen Adels und Bürgertums in der kleinen Ortschaft Mirto.

Restaurants

€ | La Petrusa Die traditionsreiche Trattoria von Herrn Nino bietet auf dem Weg zu den Rocche del Crasto Hausmannskost und Wurstwaren aus eigener Produktion. ■ C.da Petrusa, 98070 Longi, Mobil 333/740 64 25

Wandern

Wasserfall Cascata del Catafurco Beim 20 Meter hohen Wasserfall des Bachs San Basilio in der Gemeinde Galati Mamertino wächst die seltene Petagnaea gussonei aus der Familie der Doldenblütler. ■ Wanderführer Gherson, Mobil 349/678 60 35

ADAC Wussten Sie schon?

Die Vereinigung **I borghi più belli d'Italia** (Die schönsten Dörfer Italiens) fördert Orte von »herausragendem historischen und künstlerischen Interesse«. Meist liegen sie abseits der normalen Touristenstrecken.

Die Altstadt des Fischerdorfs Cefalù reicht bis an den Strand

51 Cefalù

Pittoresker Fischerort in atemberaubender Lage

Information

■ C.so Ruggero 77, 90015 Cefalù, Tel. 09 21/42 15 08, www.visitcefalu.com

■ Parken: Beach Parking, V. M. Pintorno, 9 €/5 Std.

Aus der ganzen Welt pilgern Touristen zu diesem Fischerort, der dank der unvergleichlichen Lage, dem Normannendom, dem goldenen Sandstrand und der malerischen Fischerhäuser der am zweithäufigsten besuchte Ferienort Siziliens ist. Die Stadt, die von einem gigantischen Felsen, der Rocca di Cefalù, geschützt wird, geht zurück auf das 5. Jh. v. Chr., als die megalithischen Mauern errichtet wurden. Mit dem Bau des Doms durch den Normannenkönig Roger II. blühte die Stadt im Jahr 1131 auf. Ihr Herz schlägt heute auf dem von der Kathedrale und der steilen Wand der Rocca dominierten Domplatz. Trotz der hohen Besucherzahl hat Cefalù sein altes romantisches Stadtbild bewahrt. Die Stadt gehört zum Parco delle Madonie.

Sehenswert

Duomo San Salvatore

| Dom |

Basilika mit Einflüssen arabischer Architektur

Eine imposante Treppe führt ins Innere der überdimensionalen dreischiffigen Basilika mit zwei wuchtigen Glockentürmen auf dem quadratischen, von vielen Bars und Cafés geschmückten Platz. Die monumentalen Säulen des Langhauses lenken den Blick auf die byzantinischen Goldmosaiken der Apsis und das großartige Bild des Christus Pantokrator in der Kuppel. Die bemalte Holzdecke zeigt arabische Einflüsse.

Seit 2015 gehört der Dom von Cefalù zum UNESCO-Welterbe.

■ P.za Duomo, Tel. 09 21/92 20 21, www.duomocefalu.it, nur Dom: tgl. 8–12.45 u. 15–19 Uhr, Dom, Türme und Schatzkammer mit verschiedenen Preisen (siehe Website)

Gefällt Ihnen das?

Ähnlich großartige **Mosaikzyklen** wie hier sind auch in Palermo in der **Cappella Palatina** (S. 19) und in der **Chiesa La Martorana** (S. 25) sowie in der **Kathedrale von Monreale** (S. 31) zu bestaunen.

Museo Mandralisca

| Museum |

Highlight der Sammlung ist das berühmte Gemälde »Bildnis eines Unbekannten« von Antonello da Messina (1430–1479). Des Weiteren gibt es griechische, römische und arabische Vasen, Münzen und eine schöne Muschelsammlung zu sehen.

■ V. Mandralisca 13, Tel. 09 21/42 15 47, www.fondazionemandralisca.it, tgl. 9–19, Juli, Aug. 9–22 Uhr, 6 €, erm. 4 €

Lavatoio Medievale

| Waschhaus |

Das noch vor wenigen Jahren benutzte Waschhaus mitten in der Altstadt unter einem großen Bogen geht auf die Zeit der Araber zurück.

■ V. Vitt. Emanuele, bei Discesa Fiume

Restaurants

€€ | Ostaria del Duomo Schmackhafte Fischgerichte, gepaart mit einem großartigen Blick auf Kathedrale und Rocca.

■ V. Seminario 5, Mobil 388/116 54 19, tgl. 12–24 Uhr

Wandern

Eine Panorama-Wanderung zur **Rocca di Cefalù** über einen steilen Treppenweg bietet fantastische Ausblicke auf die Stadt, den Strand und die Liparischen Inseln. ■ Parco della Rocca, April–Okt. tgl. 8–18, Nov.–März tgl. 9–15 Uhr, 5 €

52 Parco delle Madonie

Wildes Bergland und Traumparadies für Aktivurlauber

Information

■ C.so P. Agliata 16, 90027 Petralia Sottana, Tel. 09 21/68 40 11, www.parcodellemadonie.it

1989 gegründet, liegt der 40 000 Hektar große Parco delle Madonie in der Provinz Palermo. In dem Bergmassiv gedeiht eine üppige Vegetation mit Steineichen, Ulmen, Zedern, Eschen und Stechpalmen. Die Berge erreichen fast 2000 Meter Höhe: Der Pizzo Carbonara mit seinen 1979 Metern ist der zweithöchste Berg der Insel. Im Park liegen zudem urige Bergdörfer, die Schätze wie die Kapelle der hl. Anna im Normannenkastell von Castelnuovo beherbergen. Wanderer, Mountainbiker, Aktivurlauber und Naturfreunde kommen hier voll auf ihre Kosten.

Kinder

Parco Avventura Madonie Freizeitpark im Wald mit vielen abenteuerlichen Aktivitäten und einem schönen Picknickplatz. ■ Loc. Gorgonero, 90027 Petralia Sottana, Tel. 091/44 26 56, www.parcoavventuramadonie.it

Übernachten

In zauberhaften kleinen Hotels wird man auf den Liparischen Inseln verwöhnt. Die Quartiere sind oft im typischen Inselstil eingerichtet. Sowohl an der Küste als auch in den Bergregionen findet man einfache und komfortable Übernachtungsmöglichkeiten zu einem guten Preis.

Messina 108

€€ | **Hotel Villa Morgana** Charmante Villa mit 15 eleganten Zimmern in schönem Garten vor einem der beiden Seen von Ganzirri. ■ V. Consolare Pompea 1965, 98165 Ganzirri, Tel. 090/32 55 75, www.villamorgana.it

Liparische Inseln 110

€€ | **La Locanda del Postino** In zauberhafter Lage zwölf geschmackvoll-schlichte Zimmer. ■ V. Picone 10, 98050 Pollara/Salina, Tel. 090/984 39 58, www.lalocandadelpostino.it

€€ | **Hotel A' Pinnata** Zimmer im typischen Inselstil mit bezaubernder Aussicht von der Hotelterrasse auf den Hafen. ■ Loc. Pignataro, 98055 Lipari, Tel. 090/981 16 97, www.pinnata.it

Capo d'Orlando 115

€ | **Le case del borgo** Ferienwohnungen in urigen Fischerhäusern an der romantischen Bucht mit fantastischem Meerblick. ■ Borgo S. Gregorio, 98071 Capo d'Orlando, Mobil 339/828 09 81, www.lecasedelborgo.altervista.org

€ | **Hotel La Tartaruga** Traditionsreiches Hotel mit Meerblick und sehr gutem Restaurant. ■ Lido San Gregorio 41, 98071 Capo d'Orlando, Tel. 09 41/95 54 21, www.hoteltartaruga.it

Cefalù 118

€€ | **Calanica Resort** Traumhaft an der Küste gelegen. 27 Bungalows, eigener Strand, Pool, Tennisplätze, gutes Restaurant. ■ C.da Vallone di Falco, 90015 Cefalù, Tel. 0921/42 04 13, www.calanica.it

ADAC Das besondere Hotel

Hotel Signum
Das charmante Hotel mit Pool und Spa liegt wunderschön mit Blick auf die Vulkaninsel Stromboli. Man wohnt in raffinierten Zimmern, umgeben von duftenden Zitronenbäumen. Die Kreationen von Chefköchin Martina aus typischen Mittelmeerzutaten werden auf der Terrasse serviert.
€€€ | V. Scalo 15, 98050 Malfa/Salina, Tel. 090/984 42 22, www.hotelsignum.it

ADAC Service Sizilien

Beim **ADAC Info-Service**, in den **ADAC Geschäftsstellen** sowie auf dem **Internetportal des ADAC** (adac.de) erhalten Sie Informationen zu den Dienstleistungen des Automobilclubs und zu Ihrem Reiseziel. So können Sie sich von der **ADAC Trips App** (adac.de/services/apps/trips) via Smartphone oder Tablet-PC inspirieren lassen oder als **ADAC Mitglied** das kostenlose **ADAC Tourset® Sizilien** (adac.de/reise-freizeit/reiseplanung/tourset) mit vielen Reiseinfos und Karten anfordern. Bei Pannen und Notfällen steht Ihnen unser Team rund um die Uhr telefonisch und digital (adac.de/hilfe und ADAC Pannenhilfe App) zur Verfügung.

ADAC Info-Service

T 089 558 95 96 97
Infos zu allen ADAC Leistungen
(Mo–Sa 8–20 Uhr gebührenfrei)

ADAC Ambulanzdienst

T +49 89 76 76 76
(Erkrankung, Unfall, Verletzung, Transportfragen, Todesfall)

ADAC Pannenhilfe Deutschland

T 089 20 20 40 00, Mobil 22 22 22
(Verbindungskosten je nach Netzbetreiber/Provider)

ADAC Pannenhilfe Ausland

T +49 89 22 22 22
(Verbindungskosten je nach Netzbetreiber/Provider)

Online-Angebote des ADAC für Ihre Reiseplanung

Service	Webadresse
Reiseinspirationen, -planung und -hinweise	adac.de/reise-freizeit/reiseplanung
Aktuelle Verkehrslage	adac.de/verkehr
Individuelle Routenplanung	adac.de/maps
Infos zu Tankstellen und Spritpreisen	adac.de/tanken
Infos zu mautpflichtigen Strecken	adac.de/mautportal
Infos zu Fährverbindungen	adac.de/faehren
Aktuelle Infos vor Reiseantritt	adac.de/tourmail
Informationen für Camper	adac.de/camping
Informationen für Motorrad- und Oldtimerfahrer	adac.de/reise-freizeit/reisen-motorrad-oldtimer
Informationen für Segler und Skipper	skipper.adac.de
ADAC Reiseangebote	adacreisen.de
ADAC Autovermietung	adac.de/autovermietung
ADAC Versicherungen für den Urlaub	adac.de/versicherungen
Weltweite Preisvorteile für ADAC Mitglieder	adac.de/vorteile-international
Telemedizinische Beratung	adac.de/meinmedical

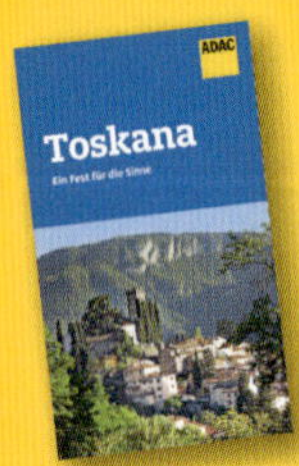

Diese **Produkte des ADAC** könnten Sie interessieren: **ADAC Reiseführer Toskana, ADAC Reiseführer Rom** und **ADAC Campingführer Südeuropa** – erhältlich im Buchhandel, bei den ADAC Geschäftsstellen und in unserem ADAC Online-Shop (adac.de/shop).

Anreise und Einreise

Auto und Autofähre

Die Hauptroute aus Deutschland nach Sizilien passiert Österreich über den Brenner (A22) und führt über Verona nach Bologna. Italien erreicht man auch über Villach und Tarvisio (Grenze zwischen Österreich und Italien) auf der A23 oder über den Plöckenpass, dann weiter über Udine nach Padua und Bologna. Aus der Schweiz gelangt man über den St.-Gotthard-Tunnel oder den San-Bernardino-Pass nach Italien und weiter über Mailand nach Bologna. Vom Autobahnknoten Bologna geht es auf der A1 Richtung Rom und Neapel, von dort weiter gen Süden auf der A3 bis Salerno und dann auf der A2 Autostrada del Mediterraneo bis Reggio Calabria/Villa San Giovanni. Dort nimmt man die Autofähre nach Messina. Stressfreier reist man bis Genua/Neapel und von dort mit der Fähre nach Palermo. Da für die Anreise mit dem Auto Maut- sowie Tunnelgebühren (S. 125) nicht nur in Italien, sondern auch in Österreich fällig werden, kann sie nicht nur viel Zeit in Anspruch nehmen, sondern auch teuer sein.

Bahn

Die Anreise mit der Bahn erfordert viel Zeit, denn es gibt keine Direktverbindung von Deutschland, Österreich und der Schweiz nach Sizilien. Am besten fährt man nach Rom oder Neapel, wo man einen Zug Frecciargento (Rom–Reggio Calabria, ca. 5,5 Std.) nimmt. Von Reggio Calabria aus überquert man die Meerenge von Messina. Das Ticket Reggio Calabria–Messina über Villa San Giovanni beinhaltet auch die Fähre. Ökonomisch gesehen ist eine Zugfahrt eher nicht sinnvoll.

Deutsche Bahn:

▩ Tel. 030/2970, Mo–Fr 8–20, Sa,So, Fei 10–17 Uhr, www.bahn.de

Trenitalia:

▩ www.trenitalia.com

Bus

Fernbusse fahren aus Deutschland nach Sizilien bzw. über Messina nach Palermo und Catania. Die Fahrt von München nach Messina dauert allerings knapp 22 Stunden.

▩ www.flixbus.com

▩ Verbindungen zwischen Rom und Sizilien: www.saistrasporti.it

Flugzeug

Verschiedene Fluggesellschaften und Charterflüge landen – mit einem verstärkten Angebot im Sommer – auf den internationalen **Flughäfen** in Catania-Fontanarossa Aeroporto Vincenzo Bellini (Ostküste, www.aeroporto.catania.it), Palermo Aeroporto Falcone Borsellino (Nordwestküste, www.gesap.it), Trapani-Birgi Aeroporto Vincenzo Florio (Westküste, www.airgest.it) und Comiso Aeroporto degli Iblei (Südküste, www.aeroportodicomiso.eu). Über einen Flughafen verfügen auch die fernab Siziliens gelegenen Inseln Pantelleria (www.aeroportodipantelleria.it) und Lampedusa (www.aeroportodilampedusa.com).

Schiff

Von Genua, Livorno, Civitavecchia, Neapel, Salerno und Reggio Calabria verkehren regelmäßig Fähren nach Sizilien. Mehrmals am Tag verbinden Fähren Reggio Calabria/Villa San Giovanni mit Messina. Ebenfalls mehrmals am Tag verkehren Schnellboote und Fähren von Milazzo aus zu den Liparischen Inseln, aber auch von Messina,

Palermo und Neapel gibt es Fährverbindungen.

Fähren am Stretto di Messina:

- www.traghetti-sicilia.it
- www.strettoweb.com

Fähren zu den Liparischen Inseln:

- www.viaggialleisoleeolie.tarnav.it

Einreise und Dokumente

Deutsche, Österreicher und Schweizer brauchen in Italien einen gültigen Personalausweis oder Reisepass. Kinder benötigen einen Kinderausweis.

Auto und Straßenverkehr

Führerschein und Papiere

Um in Italien Auto zu fahren, braucht man nur einen nationalen Führerschein und den Kfz-Schein. Die Mitnahme der Internationalen Grünen Versicherungskarte wird empfohlen, da sie als Versicherungsnachweis dient und bei einem Unfall die Abwicklung erleichtert.

Tempolimits

Straße	Tempolimit
Autobahn	max. 130 km/h
Landstraße	max. 90 km/h
Ortschaft	max. 50 km/h

Straßennetz und Sicherheit

Prinzipiell befinden sich die sizilianischen Straßen in einem guten Zustand. Zu Staus kommt es hauptsächlich in den größeren Städten und in der **Hauptverkehrszeit**, etwa in Palermo oder Catania, aber auch auf den Hauptstraßen zu den touristischen Zentren oder im Hochsommer Richtung Strand und Meer. Da das Bahnnetz nicht umfassend ausgebaut ist und es auch keine Schnellzugverbindungen gibt, fahren die Einheimischen lieber mit dem Auto. Der italienische **Straßenverkehr** ist sehr lebhaft und dicht. Die Regeln der Straßenverkehrsordnung werden nicht immer eingehalten. Man sollte daher entsprechend umsichtig und vorausschauend fahren.

Verkehrsvorschriften

In Italien ist es Pflicht, reflektierende **Warnwesten** mitzuführen, die zu tragen sind, wenn man das Fahrzeug auf Autobahnen oder Landstraßen bzw. außerhalb geschlossener Ortschaften verlässt. Darüber hinaus gibt es eine **Lichtpflicht** auf Autobahnen und auf allen Straßen außerhalb geschlossener Ortschaften. Es besteht Gurtpflicht und die **0,5-Promille-Grenze**.

Verkehrsschilder

Hinweisschilder für Autobahnen sind grün, für Staatsstraßen blau, Schilder, die auf touristisch interessante Orte hinweisen, sind braun und innerstädtische Hinweisschilder weiß.

Häufig vorkommende Schilder:
divieto di accesso = Zufahrt verboten
lavori in corso = Bauarbeiten
parcheggio = Parkplatz
rallentare = langsam fahren
senso unico = Einbahnstraße
strada senza uscita = Sackgasse
zona pedonale = Fußgängerzone
deviazione = Umleitung
tutte le direzioni = alle Richtungen
bloccato = gesperrt

Tanken

Autobahntankstellen sind rund um die Uhr in Betrieb. Tankstellen sind Mo–Fr 7–12.30 und 15–19 Uhr, So, Fei mit Schichtdienst geöffnet; auf den Hauptstraßen gibt es auch SB-Tanksäulen, an welchen man mit Bargeld, Debit- und Kreditkarten bezahlen kann.

Parken

Öffentliche Parkplätze sind weiß oder blau markiert. Die weißen Parkplätze sind frei, die blauen an Wochentagen gebührenpflichtig, an Sonn- und Feiertagen frei, außer in sehr touristischen Orten. Die Tarife werden von den Gemeinden bestimmt und variieren deshalb. Die gelben Markierungen sind nur für bestimmte berechtigte Kategorien von Fahrzeughaltern gedacht.

Maut

Italienische Autobahnen sind mautpflichtig. Zahlung an den Mautstationen erfolgt bar, meist auch mit Kredit- oder EC-Karte. Mit der italienischen Prepaid-Karte **VIACARD** spart man Wartezeiten. Erhältlich ist sie bei den meisten Automobilclubs, an Mautstellen und Raststätten. Sie hat kein Ablaufdatum und ist übertragbar. Auf **Telepass-Spuren** ist die Zahlung per Transponder möglich (ADAC Mautbox, Telepass, bip&go, Camper Mautbox).

Unfall

Bei Unfällen mit **Sachschäden** sind unbedingt Versicherung und Versicherungsnummer des Unfallgegners zu notieren. Bei Unfällen mit **Personenschäden** muss die Polizei verständigt werden. Hilfreich bei Unfällen ist das Europäische Unfallprotokoll, das man im Internet herunterladen kann.

Barrierefreies Reisen

Busse und Züge sind auf der Insel leider noch nicht barrierefrei. Viele Strände und Lidi wurden hingegen barrierefrei konzipiert und entsprechend ausgestattet, wie in San Vito Lo Capo, zwischen Avola und Porto Palo und im marinen Reservat des Plemmirio.

▪ www.siciliaccessibile.it

Diplomatische Vertretungen

Deutsches Honorarkonsulat für die Provinzen Messina, Catania, Ragusa und Syrakus:

▪ V. San Sebastiano 13, 98122 Messina, Tel. 090/67 17 80, messina@hk-diplo.de

Für die Provinzen Palermo, Trapani, Agrigento, Caltanissetta, Enna:

▪ V. Principe di Villafranca 33, 90141 Palermo, Tel. 091/982 08 08, palermo@hk-diplo.de

Österreichisches Honorarkonsulat:

▪ P.za Acquasanta 12, 90142 Palermo, Tel. 091/54 93 38, consolatoaustria.pa@hotmail.it

Schweizer Honorarkonsulat:

▪ V. Morgioni 41, 95027 San Gregorio di Catania, Tel. 095/38 69 19, catania@honrep.ch

Feiertage

1. Jan. Capodanno (Neujahr), 6. Jan. Epifania (Hl. Drei Könige), Pasqua/Pasquetta (Ostersonntag/Ostermontag), 25. April Festa della Liberazione (Tag der Befreiung vom Faschismus), 1. Mai Festa del Lavoro (Tag der Arbeit), 2. Juni Festa della Repubblica (Fest der Republik), 15. Aug. Ferragosto (Mariä Himmelfahrt), 1. Nov. Ognissanti (Allerheiligen), 8. Dez. Immacolata Concezione (Mariä Empfängnis), 25. Dez. Natale (Erster Weihnachtstag), 26. Dez. Santo Stefano (Zweiter Weihnachtstag).

Zu diesen nationalen italienischen Feiertagen kommt auch noch der Tag des/

der Stadtpatrons/-in dazu: Alle öffentliche Ämter, Schulen und die meisten Läden sind an diesem Tag geschlossen.

Geld und Währung

Banken sind von Montag bis Freitag meistens von 8.30 bis 13.30 sowie von 14.30 bis 15.30 Uhr geöffnet. Geldautomaten (Bancomat) findet man fast überall. **Kreditkarten** werden in den meisten Hotels, Restaurants und Läden akzeptiert. Auf den kleineren Inseln und in Ortschaften im Inneren der Region ist es empfehlenswert, auch Bargeld bei sich zu haben. Barzahlungen über 5000 Euro sind in Italien nicht erlaubt. Die Erstellung eines »scontrino fiscale« (Kassenbon) ist in Italien obligatorisch für den Verkäufer in Bars, Restaurants und Läden, aber nicht bei Zeitungskiosken oder Läden für Tabakwaren. Ein Kunde ohne Beleg wird bei einer Kontrolle der Finanzpolizei allerdings nicht mehr bestraft.

Kosten im Urlaub

(durchschnittliches Preisniveau)

1 Tasse »caffè« (Espresso)	ab 1,20 €
1 Tasse Cappuccino	ab 1,70 €
1 Glas Rotwein	2 €
1 Cola (in der Bar)	1–2 €
1 Kugel »gelato« (Eis)	ab 2 €
Pastagericht (»primo«)	10–15 €
Pizza Margherita	8 €
1 Brot (ca. 500 g)	ab 2,50 €
1 Liter Benzin	ab 1,80 €
Einzelfahrt mit öffentlichen Verkehrsmitteln	ab 1,50 €
Mietwagen	ab 50 €/ Tag

Gesundheit

Die Vorlage einer **Europäischen Krankenversicherungskarte (EHIC)** ist anerkannt und ausreichend. Zusätzlich empfiehlt sich eine Auslandskrankenversicherung und eine Rückholversicherung. Jede Haupt- oder Großstadt verfügt über ein Krankenhaus (»ospedale«), das mit dem internationalen Symbol eines weißen H auf blauem Grund gekennzeichnet ist.

In der **Notaufnahme** (»pronto soccorso«) der öffentlichen Krankenhäuser ist eine ärztliche Versorgung immer gesichert.

Die Öffnungszeiten der **Apotheken** variieren, aber in der Regel sind sie 8.30–13 und 15.30–19.30 Uhr geöffnet, am Samstag nur bis Mittag (mit Schichtdienst). Selbstverständlich wird die Versorgung auch rund um die Uhr durch den Nachtdienst (»farmacia di turno«) sichergestellt.

Haustiere

Hunde und Katzen müssen einen gültigen Impfschutz gegen Tollwut haben. Als Nachweis über die Tollwutimpfung und vor allem für die Identifizierung des Haustiers ist ein gültiger blauer **EU-Heimtierausweis** mitzuführen. Um diesen Ausweis zu erhalten, muss das Tier gechipt oder tätowiert sein. Zu empfehlen ist vor allem in den Frühjahrs- und Sommermonaten ein Zeckenschutz durch entsprechende Spot-on-Präparate. Hunde müssen grundsätzlich an der Leine (1,5 Meter lang) geführt werden. Auch auf Autofahrten sollte der Hund im Auto gesichert sein – andernfalls droht ein Bußgeld. In öffentlichen Verkehrsmitteln gibt es **Maulkorbpflicht**; bei einem Vorfall trägt der Tierhalter in der Regel die volle Verantwortung. Die Hinterlassenschaften des Hundes müssen beseitigt werden.

Information

Die italienische Zentrale für Tourismus **ENIT** bietet zahlreiche Informationen und Adressen zur Reisevorbereitung und ist für touristische Anfragen aus Deutschland, Österreich und der Schweiz zuständig.

ENIT Deutschland

- Schaumainkai 87, 60596 Frankfurt/M., Tel. 069/68 60 47 64, www.enit.it

Urlaub auf dem Bauernhof:

- www.agriturist.it

Die schönsten Dörfer Italiens (I borghi più belli d'Italia):

- www.borghipiubelliditalia.it

Allgemeine Informationen über die Region Sizilien:

- www.visitsicily.info
- pti.regione.sicilia.it

Nähere Auskünfte erteilen die **örtlichen Touristenbüros**. Adressen und Websites finden Sie in diesem Reiseführers am Beginn des jeweiligen Ortes.

Klima und beste Reisezeit

Die angenehmsten Reisezeiten für Kulturtouristen sind Frühling und Herbst. Im Sommer wird es zu heiß, dann bieten sich die Badeorte an. Im Frühjahr ist die Insel blütenreich, aber das Meer ist noch kühl, im Herbst zeigt die Vegetation keine Farbenpracht mehr, außer in den Waldgebieten, wo man eine richtige Farbexplosion erlebt. Die Wassertemperaturen sind bis November noch sehr angenehm.

Klimatabelle Sizilien

Monat	Luft (°C) min./max.	Wasser °C	Sonne (h/Tag)	Regentage
Jan.	6/15	14	5	12
Feb.	6/15	14	5	12
März	7/18	14	6	8
April	10/20	15	8	7
Mai	12/23	16	9	4
Juni	16/27	21	10	3
Juli	18/33	24	11	1
Aug.	19/33	26	10	1
Sept.	17/28	24	8	5
Okt.	14/24	22	7	9
Nov.	11/20	19	5	11
Dez.	8/16	16	4	11

Medien

In den Sommermonaten erhält man an den Badeorten täglich alle wichtigen deutschsprachigen Zeitungen und Zeitschriften. Ansonsten findet man deutsche Presse an Hauptbahnhöfen.

Museen und Ausgrabungen

Am ersten Sonntag jeden Monats ist der Eintritt in vielen regionalen und staatlichen Museen sowie Ausgrabungsstätten frei. Darüber hinaus haben Kinder und Jugendliche (EU-Bürger) bis 18 Jahren immer freien Eintritt. Zwischen 18 und 25 Jahren bekommt man in der Regel einen um die Hälfte ermäßigten Preis.

Festivals und Events

Februar/März

Festa di Sant'Agata (3.–6. Feb., Catania) – Weltweit drittgrößtes religiöses Fest um die Stadtpatronin (siehe auch S. 93)

Carnevale – Karnevalsumzüge in den Hochburgen Acireale, Capo d'Orlando, Sciacca und Termini Imerese

Sagra del Mandorlo in Fiore (Mandelblütenfest, Agrigent) – Folkloristische Veranstaltungen im Tal der Tempel (siehe auch S. 60)

März/April

Cavalcata San Giuseppe (18./19. März, Scicli, www.ilovescicli.it) – Reiterprozession, die an die Reise von Josef und Maria nach Bethlehem erinnert

Karwoche – Beeindruckende Prozessionen in Caltanissetta, Enna, Marsala und Trapani

April

Sagra del Carciofo (25. April, Cerda, www.comune.cerda.pa.it) – Fest rund um die Artischocke auf dem Platz mit einer Artischockenstatue

Mai

Infiorata (3. So im Mai, Noto) – Die Via Nicolaci wird zu einem riesigen Blütenteppich

Juni

Festa del Cappero (1. So im Juni, Pollara/Salina) – Zur Erntezeit das Fest der Kapern

Taobuk und Taormina FilmFest (Juni, Taormina, www.taobuk.it, www.taorminaarte.org) – Internationales Bücher- und Kinofestival

Juli

Santa Rosalia (14./15. Juli, Palermo) – Die Reliquien der Schutzheiligen werden in einem Umzug durch die Stadt getragen

Orestiadi (ab Mitte Juli, Gibellina www.fondazioneorestiadi.it) – Theater und Konzerte vor der einzigartigen Kulisse des alten Gibellina

August

Sagra dell'arancino (10./15. Aug., Rosolini) – Fest des kleinen Reisbällchen

September

Cous Cous Fest (Ende Sept, San Vito Lo Capo) – Festival der kulturellen Integration und gastronomisches Event (siehe auch S. 41)

Dezember

Chocomodica (1. Dezemberhälfte, Modica, www.chocomodicaofficial.it) – Schokoladenfest in der sizilianischen Hauptstadt der Schokolade

Nachtleben

Nach dem Abendessen, das normalerweise nicht vor 21 Uhr beginnt, strömen vor allem in den Sommermonaten alle auf die Straße, um den Rest des Abends im Freien oder in einem Lokal zu verbringen. Klassischer Treffpunkt ist der Hauptplatz. Entlang der ganzen Küste gibt es während der Saison ein großes Angebot an Pubs, Diskotheken und Nachtclubs. Hochburgen des Nachtlebens sind Catania, Palermo, Syrakus und Taormina.

Notfall

Euronotruf	112
Polizei	113
Carabinieri	112
Feuerwehr (»vigili del fuoco«)	115
Medizinischer Notdienst	118
Pannenhilfe (ACI)	80 31 16
See- und Küstenwacht	1530

Öffnungszeiten

Kleine **Einzelhandelsgeschäfte** öffnen zwischen 8 und 10 Uhr, Mittagspause ist zwischen 13 und 16 Uhr; abends schließen sie um 19 oder 20 Uhr. Im Sommer sind die kleineren Läden in den touristischen Ortschaften nachmittags bis 17 Uhr geschlossen, aber abends dafür länger geöffnet, teils bis 22 Uhr. **Einkaufszentren** und große **Supermärkte** sowie Läden in den touristischen Badeorten sind auch über Mittag und oft sonntags geöffnet.

Auch **Kirchen** sind meist zwischen 12.30 und 16.30 Uhr geschlossen.

Post

Briefmarken erhält man in Italien in Tabakläden (»tabacchi«) und in den Postfilialen (samstags geschlossen oder nur bis Mittag geöffnet). Die Briefkästen sind rot und werden Mo–Fr geleert. Eine Briefmarke für eine Postkarte nach Deutschland, Österreich und in die Schweiz kostet derzeit 1,25 Euro.

Rauchen und Alkohol

In Restaurants, Bars, Läden und öffentlichen Gebäuden herrscht **Rauchverbot**, an das die Italiener sich halten. Nur ganz wenige Lokale bieten ihren Gästen separate Raucherräume an.

Der Konsum und Erwerb von **Alkohol** ist erst für Personen ab 18 Jahren gestattet.

Sicherheit

Sizilien ist eine relativ ruhige Region, daher kommen Diebstähle und Autodiebstähle nicht häufiger vor als in anderen Regionen – und vor der Mafia braucht man als Tourist keine Angst zu haben! Trotzdem können Taschendiebstähle durch Kleinkriminelle vor allem in den überfüllten Touristenorten und in den Bahnhöfen größerer Städte vorkommen. Man sollte sich vor Trickdieben hüten, die Urlauber an den Bankautomaten ablenken oder auf Straßen und Parkplätzen Autopannen vortäuschen. Vorsicht ist auch bei kleineren, absichtlich verursachten Unfällen oder Schäden geboten, wie z. B. Abbrechen der Seitenspiegel des Autos: Bei entsprechendem Verdacht sollte man sofort die Polizei/Carabinieri anrufen.

Aktuelle und umfassende Informationen zur Sicherheit in Italien findet man auf der Website des Auswärtigen Amts (www.auswaertiges-amt.de).

Souvenirs

Typische Mitbringsel aus Sizilien sind Keramikwaren, Kunsthandwerk, Marionetten (»pupi«) und Kulinarisches. Überall auf der Insel gibt es ein großes Angebot an traditionellem **Kunsthandwerk**; qualitativ hochwertige Produkte, die tatsächlich auf Sizilien hergestellt werden, sind aber nicht unbedingt günstig. Handgefertigte **Keramikprodukte** findet man nicht nur in Caltagirone, der Hochburg der Keramik- und Terrakottaproduktion, sondern etwa auch in Santo Stefano di Camastra. **Spitzendecken** und feine Stickereien werden noch in den Dörfern der Madonie und Nebrodi sowie in Taormina gefertigt. Bei den **»pupi«** (Marionetten) sollte man besonders auf die Qualität achten, denn viele werden nicht mehr handwerklich hergestellt.

Naschkatzen kommen überall auf der Insel auf ihre Kosten: »Frutta martorana«, **Marzipan**, Gebäck aus »pasta di mandorle« und **Schokolade** aus Modica bieten sich hervorragend als Souvenirs an. Als typische Köstlichkeiten gelten auch die **Kapern** von Salina und Pantelleria sowie der **Schinken** und die Salami aus den Nebrodi. Wenn man mit dem eigenen Auto unterwegs ist, kann man gleich einen Kanister **Olivenöl »extra vergine«** sowie ein paar Flaschen **Wein** nach Hause mitnehmen; ansonsten bestellt man z.B. bei der Tenuta Benedetta, die den einzigen Sangiovese-Wein am Vulkan herstellt (www.tenutabenedetta.it).

Sport

Bergsteigen

Eine Besteigung der beiden Vulkane Ätna und Stromboli zählt zu den Highlights einer Reise nach Sizilien, allerdings ausschließlich in Begleitung von autorisierten, erfahrenen Führern.

Club Alpino Italiano (CAI):
- www.cai.it

Parco Etna:
- www.parcoetna.it

Seilbahn am Ätna:
- www.funiviaetna.com

Wanderungen:
- www.excursionsetna.it

Klettern

Die beliebteste Kletterregion erstreckt sich rund um San Vito Lo Capo. Die Felswände sind hier ein Dorado für Freeclimber, die beim Klettern atemberaubende Blicke auf die Küste und das Meer genießen. Klettern kann man außerdem am Monte Gallo in der Provinz Palermo.

Radfahren

Die hohen Temperaturen im Sommer lassen das Fahrradfahren auf der Insel zwar zur Qual werden, doch es ist durchaus sinnvoll, die kleineren Inseln oder die sanft hügeligen Regionen Siziliens mit dem Fahrrad zu entdecken. Dementsprechend gibt es viele Verleihstellen, und auch immer mehr Hotels bieten ihren Gästen einen Bike-Service an.

Mountainbiker freuen sich auf die bergigen Landschaften des Parco dei Nebrodi oder Parco delle Madonie.

Portal Ciclabili siciliane:
- www.ciclabilisiciliane.com

Tipps für Radtouren auf Sizilien:
- www.sizilien-rad.de

Reiter auf einem Pfad in der Nähe von San Fratello bei Messina

Mitfahrräder inkl. Lieferung und Abholung am Urlaubsort:

■ www.specialtourmenfi.com

Reiten

Viele Agriturismo-Betriebe bieten Reittouren auf Maultierpfaden und Forstwegen an, zum Beispiel in der Nähe von Donnafugata, in den Bergen der Madonie oder der Nebrodi und in der Alcantara-Schlucht. Viele der Angebote sind auch für Einsteiger geeignet.

Turismo Equestre:

■ www.sicilia.fitetrec-ante.it

Schwimmen

Sizilien ist mit einer Küstenlänge von über 1600 Kilometern ein Paradies für Wasserratten, allerdings kann man nicht überall baden. Abgesehen von der Küste in der Nähe der größten Hafenstädte ist die Wasserqualität gut bis sehr gut. 2023 bekamen elf Badeorte das Umweltsymbol Bandiera Blu (Blaue Flagge, www.bandierablu.org), das jede Saison für besonders schöne Strände und sauberes Wasser vergeben wird.

Für Sonnenhungrige bieten sich bei schönem Wetter auch in der Nähe der Hauptstädte Strände zum Sonnen an, die allerdings bei den Einheimischen sehr beliebt und dementsprechend voll sind, wie Mondello bei Palermo, Fontane Bianche bei Syrakus oder Marina di Ragusa.

Skifahren

In den höheren Lagen am Ätna kann man im Winter tatsächlich Ski fahren: Sowohl an der Nordseite des Vulkans (Piano Provenzana) als auch an der Südseite (Nicolosi) gibt es Lifte und Pisten. Auch am Piano Battaglia in den Bergen der Madonie gibt es Skipisten.

Tauchen

Die Gewässer vor allem um die kleineren Inseln und Inselgruppen, wie die Liparischen Inseln oder die Insel Ustica, sind ein echtes Dorado für Taucher und Schnorchler. Auch an Küsten-

Der Alcantara fließt 52 Kilometer von den Monti Nebrodi ins Meer

strecken wie am Reservat Zingaro kann man wunderschön tauchen. Zahlreiche Tauchcenter bieten Kurse an und verleihen Equipment.

Wandern

Die Naturparks Madonie, Nebrodi und dell'Alcantara sowie das Reservat Zingaro bieten die besten Voraussetzungen für Wandertouren, aber auch in den kleineren Naturschutzgebieten und auf den Inseln entdeckt man schöne Wanderwege.

Wandertipps:

- www.siciliaincammino.it
- www.trekkingeolie.com

Parco dell'Alcantara:

- www.parcoalcantara.it

Parco delle Madonie:

- www.parcodellemadonie.it

Parco dei Nebrodi:

- www.parcodeinebrodi.it

Wandertage in den **Nebrodi** und auf den **Liparischen Inseln:**

- www.siciliaecogastronomica.com

Strom und Steckdose

Die Netzspannung in Italien beträgt 230 V bei einer Frequenz von 50 Hz. Normalerweise sollten deutsche Stecker passen, wer auf Nummer sicher gehen will, sollte jedoch einen Steckdosenadapter für elektrische Geräte mitnehmen, auch wenn er nur selten benötigt wird.

Telefon und Internet

Im Juni 2017 wurden die **Roaminggebühren** in Europa und somit auch in Italien abgeschafft. Als Mobilfunkkunde zahlt man auch im Urlaub nur so viel wie in seinem Heimatland. Gegen Missbrauch gilt eine neue Fair-Use-Grenze. Prüfen Sie trotzdem Ihren Mobilfunkvertrag oder das von Ihnen genutzte Angebot, ob im Ausland weitere Gebühren anfallen.

Öffentliche Telefonzellen sind im Land des »telefonino« (Handy) und seit der Ära des Smartphones Ende 2015 offiziell entfernt worden.

In Italien wird immer die 0 der örtlichen Vorwahl mitgewählt, Mobiltelefonnummern haben dagegen nie eine Null an der ersten Stelle.

Internationale Vorwahlen:

- Deutschland: 00 49
- Österreich: 00 43
- Schweiz: 00 41
- Italien: 00 39

Hotels bieten normalerweise kostenlose **WLAN-Verbindungen** (»collegamenti Wi-Fi«), wenn nicht in jedem Zimmer, dann auf jeden Fall im gemeinsam genutzten Bereich. Auch in vielen Stadtvierteln, an öffentlichen Plätzen und in vielen Cafés und Lokalen – gekennzeichnet durch Schilder mit »Wi-Fi free« – ist der Internetzugang mit Notebooks, Tablets oder Smartphones kostenfrei.

Trinkgeld

Gewöhnlich gibt man zehn Prozent zum Rechnungsbetrag dazu, wenn man mit dem Service zufrieden war. Im Restaurant wird »il conto« (die Rechnung) dementsprechend aufgerundet: Das Trinkgeld lässt man auf dem Tisch oder auf dem kleinen Tellerchen liegen, auf dem die Rechnung überreicht wird.

Taxifahrer freuen sich über ein Trinkgeld von ca. zehn Prozent des Fahrpreises.

Umgangsformen

Ausgehen: Auf Sizilien kleidet man sich nicht nur bei einem Galadinner sehr elegant: Auf den Flaniermeilen größerer und kleinerer Ortschaften will man sehen und gesehen werden und kleidet sich dementsprechend. Wenn man zu Hause zum Abendessen eingeladen ist, wird ein nicht zu sportliches Outfit erwartet – außer wenn explizit darauf hingewiesen wird. Es gehört zum guten Ton, »un dolce« (Nachtisch), eine kleine Aufmerksamkeit oder Blumen für die Gastgeberin mitzubringen.

FKK: An öffentlichen Stränden ist es in Italien verboten, nackt zu baden. FKK-Strände sind entsprechend gekennzeichnet, zum Beispiel bei Torre Salsa am Strand von Eraclea Minoa oder in der Ortschaft Bulala in der Nähe von Gela. Auch oben ohne wird in Italien nicht gern gesehen.

Kleidung: Mit kurzen Hosen oder Tops mit Spaghettiträgern ist es nicht erlaubt, Kirchen zu betreten (entsprechende Warnschilder hängen an den Türen der Gotteshäuser). Verboten ist es auch, im Strandoutfit in den Städten herumzulaufen – dementsprechend wird man bestraft.

Restaurants: In der Bar sollte man »un caffè« (nicht einen Espresso) bestellen. Den Cappuccino trinken Italiener nur zum Frühstück. Nicht zu große Gedanken sollte man sich machen, wenn man während des Essens telefonieren muss: Auf Sizilien telefoniert man zu jeder Zeit und fast überall.

Unterkunft und Hotels

Vom Luxushotel bis zur einfachen Unterkunft: Auch auf Sizilien sind die Hotels in fünf Sternekategorien eingeteilt. Immer größer wird das Angebot an Bed & Breakfast-Zimmern, vor allem in den größeren Städten. Möchte man auf dem Land übernachten, gibt es auch auf der Insel zahlreiche Agriturismi (Urlaub auf dem Bauernhof). Vor allem an der Küste sind Privatunterkünfte als »case vacanze« (Ferienwohnungen) verbreitet, die zwar nicht unbedingt billiger als eine Unterkunft in einem Hotel sind, aber den Alltag im Urlaub freier gestalten lassen.

Die Kurtaxe ist nicht im Hotelpreis inbegriffen, sondern vor Ort separat zu zahlen. Die Höhe dieses Betrags ist unterschiedlich, weil sie von den jeweiligen Gemeinden bestimmt wird.

B & Bs in Italien:
■ www.bbitalia.it
Charmehotels auf Sizilien:
■ www.charmingsicily.com
Ferienwohnungen und **Ferienhäuser** auf Sizilien:
■ www.holidu.de
Reiseveranstalter mit Kernkompetenz zu Hotels auf Sizilien:
■ www.fti.de

Ausführliche Informationen zum Hotelangebot in den einzelnen Regionen mit Preiskategorien finden Sie am Ende jedes Kapitels dieses Reiseführers (S. 35, 49, 66, 85, 104, 120).

Verkehrsmittel im Land

Auto

Sizilien verfügt über folgende Autobahnstrecken: Messina–Palermo bzw. Buonfornello (A20), Messina–Catania (A18), Palermo–Catania (A19), Palermo–Mazara del Vallo (A29) und Catania–Siracusa-Gela (noch nicht komplett). Die meisten Strecken sind mautfrei. Nur auf der A18 und auf der A20 gibt es Mautstellen. Es gibt jedoch Überlegungen, für das gesamte Autobahnnetz Maut zu erheben.
Die Fahrt auf den Landstraßen, vor allem in den Gebieten ohne Autobahnverbindungen, kann lange Zeit beanspruchen.

Bus

Die Insel kann man auch mit öffentlichen Verkehrsmitteln bzw. Bussen erkunden. Das Fernbusnetz ist sehr gut ausgebaut, daher kann man auch abgelegene Gebiete und Ortschaften gut per Bus erreichen, man muss nur viel Zeit für die Fahrt einkalkulieren. Alle Großstädte verfügen über einen großen zentralen Busbahnhof mit eigenen Büros (»autostazione«) oder Büros mehrerer Busgesellschaften (wie das Büro von Nuova Omniabus auf dem Piazzale Rosselli in Agrigent, Tel. 09 22/ 291 36).
Palermo–Alcamo:
■ www.segesta.it
Palermo–Agrigento:
■ www.cuffaro.info
Ragusa–Siracusa:
■ www.etnatrasporti.it

Mietwagen

Wenn man mit dem Flugzeug oder mit der Bahn anreist, ist ein Mietwagen oft die beste Lösung. An Flughäfen und wichtigen Bahnhöfen sowie in den Großstädten und Urlaubszentren kann man problemlos Fahrzeuge bei den gängigen internationalen Verleihfirmen mieten. Die größten Hotels, vor allem an der Küste und weit entfernt von großen Städten, unterhalten Kooperationen mit lokalen Verleihern wie SicilybyCar (www.sicilybycar.it).

Bahn

Im Norden und Osten der Insel steht ein gut ausgebautes Bahnnetz zur Verfügung, allerdings sind die Verbindungen nicht die schnellsten. Die Hauptlinie der Bahn teilt sich in Messina in die Strecken nach Taormina, Catania, Syrakus, Agrigent und entlang der Nordküste nach Cefalù und Palermo bis Trapani.
Vorteil der Bahn ist, dass sie in Italien ein noch relativ preiswertes Verkehrsmittel ist. An Sonn- und Feiertagen ist der Fahrplan jedoch ziemlich dünn. Die Fahrkarten müssen vor Fahrtantritt gekauft und an den Automaten am Gleis oder im Bahnhof abgestempelt werden – ansonsten kassieren Schaff-

ner eine Geldbuße für Schwarzfahren. Zugtickets der italienischen Bahn kann man bequem auch online oder mobil in deutscher Sprache kaufen.

Italienische Bahn:

- www.trenitalia.com

Es wird an einer neuen Verbindung (Misterbianco Centro–Paternò) der privaten Schmalspurbahn **Ferrovia Circumetnea** gearbeitet:

- www.circumetnea.it

Fähren

Von Milazzo aus verkehren Schnellboote und Fähren mehrmals am Tag zu den Liparischen Inseln, aber auch von Messina und Palermo gibt es Fährverbindungen mit dem Archipel. Fähren und Schnellboote verbinden Trapani mit der Insel Pantelleria und den Ägadischen Inseln. Von Porto Empedocle verkehren die Fähren zu den Isole Pelagie (Lampedusa und Linosa).

In den Sommermonaten darf man etliche Inseln nicht mit dem eigenen Auto besuchen (Alicudi, Panarea, Stromboli Mitte Juni–Ende Okt.; Lipari, Vulcano, Filicudi Mitte Juni–Ende Sept.; Favignana Aug.–Mitte Sept.; Ustica Aug.).

Vor allem im Sommer kann es auf den Fähren voll werden. Eine Vorabbuchung ist aber nicht ratsam, da aufgrund der Wetterlage Verbindungen kurzfristig eingestellt werden können.

Milazzo–Liparische Inseln:

- www.viaggialleisoleeolie.tarnav.it,
- www.eolianshuttle.com

Palermo–Ustica:

- www.libertylines.it
- www.carontetourist.it

Porto Empedocle–Lampedusa:

- www.ufficiotraghetti.it

Trapani–Favignana:

- www.traghetti-favignana.it

Trapani–Pantelleria:

- www.carontetourist.it
- www.traghettidelleisole.it

Zollbestimmungen

Innerhalb der Europäischen Union gibt es keine Beschränkungen für den Kauf und das Mitführen von Waren, wenn sie für den persönlichen Bedarf bestimmt sind.

Deutsche und österreichische Reisende dürfen daher Waren abgabenfrei, ohne Zollformalitäten und Mengenbegrenzungen ein- und ausführen. Für Tabakwaren und Alkohol bestehen jedoch folgende unverbindliche Grenzwerte: 800 Zigaretten oder 400 Zigarillos oder 200 Zigarren oder 1 Kilo Tabak; 10 Liter alkoholische Getränke mit einem Alkoholgehalt von über 22 Vol. Prozent, 20 Liter alkoholische Getränke mit einem Alkoholgehalt unter 22 Vol. Prozent, 90 Liter Wein (davon maximal 60 Liter Schaumwein) und 110 Liter Bier.

Wenn man in die Schweiz einreist, sind persönliche Gebrauchsgegenstände, Reiseproviant und Treibstoff abgabenfrei. Für andere mitgeführte Waren werden je nach deren Gesamtwert die Mehrwertsteuer (ab 300 Franken) und je nach deren Menge Zölle erhoben, jedoch nur auf Lebensmittel, Tabak, Alkohol und Treibstoff.

Infos über alle Waren, die nicht eingeführt werden dürfen: www.zoll.ch

Bargeld von mindestens 10 000 Euro muss man bei der Ein- und Ausreise bzw. Fahrt durch die Europäische Union bzw. Italien schriftlich bei den jeweiligen ausländischen Zollbehörden anmelden.

Die Geschichte Siziliens

Vor 3000 Jahren lebten auf Sizilien Sikuler, Sikaner und Elymer.

Im 8. Jh. v. Chr. beginnt die griechische Kolonisation mit der Süd- und Ostküste, im Westen herrschen die Karthager. Nach den Punischen Kriegen erobern die Römer Sizilien, das im 3. Jh. v. Chr. römische Provinz wird. Mit dem Ende des Römischen Reiches besetzen die Vandalen die Insel.

Ab 827 bringen die Araber ihre Kultur in die Region.

Ab 1061 Die Normannen Robert Guiscard und Roger I. bezwingen die Stadt Messina; es beginnt die normannische Epoche. Roger II. (1095–1154) setzt eine Justiz- und Verwaltungsreform durch; Kunst und Architektur erleben unter seiner Herrschaft eine Blütezeit.

1198 Der Staufer Friedrich II. wird König von Sizilien. 1231 erlässt er mit den Konstitutionen von Melfi ein wichtiges Gesetzeswerk für sein Reich.

1282 Die Bevölkerung erhebt sich gegen die französische Besatzung. Das Blutbad vom Ostermontag geht als Sizilianische Vesper in die Geschichte ein. Peter III. von Aragòn ernennt sich zum König Peter I. von Sizilien.

1415 Sizilien verliert seine Selbstständigkeit und wird zur Provinz.

1669 Ein Ätna-Ausbruch verwüstet die Region um Catania.

1693 Ein schweres Erdbeben zerstört den Osten und Süden der Insel.

1816 Sizilien wird zur Provinz des Regno di Napoli: Unzählige Rebellionen sorgen für dauerhafte Unruhen.

1860 Giuseppe Garibaldi landet mit seinen 1000 Kämpfern (Spedizione dei Mille) in Marsala, befreit die Insel vom »bourbonischen Joch« und marschiert gen Rom. Die Einheit des Königreichs Italiens ist damit eingeleitet.

1861 Sizilien wird an das Königreich Italien angeschlossen.

1908 Bei einem Erdbeben kommen in Messina 80 000 Menschen ums Leben.

Um 1910 Mangelnde Lebensperspektiven führen zu einer starken Emigration: Vor dem Ersten Weltkrieg wandern fast 2 Mio. Sizilianer aus – vor allem in die USA.

1946 Die Insel wird zur Autonomen Region und bleibt eine der ärmsten Regionen Europas: Viele suchen Arbeit in Norditalien.

1968 Ein Erdbeben zerstört das Belice-Tal, u. a. den Ort Gibellina; 70 000 Menschen verlieren ihr Obdach.

1985–1990 Im Kampf gegen die Mafia findet der sogenannte Maxiprocesso in Palermo statt.

1992 Die Anti-Mafia-Richter Borsellino und Falcone werden kurz nacheinander bei Attentaten getötet.

1993 Mafia-Boss Totò Riina wird in Palermo verhaftet.

2016 181 000 Migranten landen auf Sizilien.

2017 Giuseppina Nicolini, Bürgermeisterin von Lampedusa, erhält den UNESCO-Friedenspreis. – Anti-Mafia-Kämpfer Leoluca Orlando wird erneut zum Oberbürgermeister von Palermo gewählt.

2018 Palermo ist italienische Kulturhauptstadt und Gastgeber der »Manifesta 12«, einer Wander-Biennale für zeitgenössische Kunst.

2019 Andrea Camilleri stirbt am 17. Juli.

2023 Der Bau einer 3,3 km langen Brücke über den Stretto di Messina wird gesetzlich festgeschrieben.

Italienisch für die Reise

Das Wichtigste in Kürze

Ja/Nein	*Sì/No*
Bitte/Danke	*Per favore/Grazie*
Hallo!/Auf Wiedersehen!	*Ciao!/Arrivederci!*
Guten Morgen!/ Guten Tag!	*Buongiorno!*
Guten Abend!/ Gute Nacht!	*Buonasera!/ Buonanotte!*
Mein Name ist ...	*Mi chiamo ...*
Entschuldigen Sie!	*Scusi!*
Achtung!/Vorsicht!	*Attenzione!*
Ich verstehe Sie nicht.	*Non La capisco.*
Wie viel kostet ...?	*Quanto costa ...?*
Damen/Herren	*donne/uomini*
geöffnet/geschlossen	*aperto/chiuso*
gestern/heute/ morgen	*ieri/oggi/domani*
Wie viel Uhr ist es?	*Che ore sono?/ Che ora è?*
Wo ist ...?	*Dov'è ...?*
Wie weit ist ...?	*A che distanza si trova ...?*
Ist das der Weg nach ...?	*È questa la strada per ...?*
Nord/Süd/West/Ost	*nord/sud/ovest/est*
Ich möchte ...	*Vorrei ...*
Die Rechnung, bitte!	*Il conto, per favore!*
Restaurant	*ristorante*
Auto	*macchina*
Tankstelle	*stazione di servizio*
Benzin (bleifrei)/ Super/Diesel	*benzina (senza piombo)/super/ Diesel (gasolio)*
Panne	*guasto*
Hilfe!	*Aiuto!*
Fahrrad	*bicicletta*
Hauptbahnhof	*stazione centrale*
Busbahnhof	*stazione autolinee*
Flughafen	*aeroporto*
Ausweis	*documento*
Bank/Geldautomat	*banca/bancomat*
Arzt	*medico*
Apotheke	*farmacia*
Lebensmittelgeschäft	*negozio di alimentari*
Tourismusbüro	*ufficio per il turismo*

Wochentage

Montag/Dienstag	*lunedì/martedì*
Mittwoch	*mercoledì*
Donnerstag	*giovedì*
Freitag/Samstag	*venerdì/sabato*
Sonntag	*domenica*

Monate

Januar/Februar	*gennaio/febbraio*
März/April	*marzo/aprile*
Mai/Juni	*maggio/giugno*
Juli/August	*luglio/agosto*
September/Oktober	*settembre/ottobre*
November	*novembre*
Dezember	*dicembre*

Zahlen

1	*uno*	8	*otto*
2	*due*	9	*nove*
3	*tre*	10	*dieci*
4	*quattro*	11	*undici*
5	*cinque*	12	*dodici*
6	*sei*	100	*cento*
7	*sette*	1000	*mille*

Hinweise zur Aussprache

c, cc	vor ›e‹ und ›i‹ wie ›tsch‹, Bsp.: ciao; sonst wie ›k‹, Bsp.: come
ch, cch	wie ›k‹, Bsp.: che, chilo
g, gg	vor ›e‹ und ›i‹ wie ›dsch‹, Bsp.: gente; sonst wie ›g‹, Bsp.: gola
gli	wie ›Lilie‹, Bsp.: figlio
gn	wie ›Cognac‹, Bsp.: bagno
sc	vor ›e‹ und ›i‹ wie ›sch‹, Bsp.: sciopero; sonst wie ›sk‹, Bsp.: scala
sch	wie ›sk‹, Bsp.: Ischia
sci	vor ›a, o, u‹ wie ›sch‹, Bsp.: lasciare
z	wie ›ds‹, Bsp.: zuppa

Alle Blickpunkt-Themen in diesem Band:

Register

Bildnachweis

Titel: Teatro Greco in Taormina
Foto: **Bildagentur Huber** (Antonio Bartuccio)
Rücktitel: links: **stock.adobe.com** (siculodoc); rechts: **stock.adobe.com** (Aleksandar Todorovic)

Alamy Stock Photo: Realy Easy Star/Toni Spagone 48 – **AWL Images Ltd:** Marco Simoni 107.1 – **Bildagentur Huber:** Alessandro Saffo 6/7, 13.3, 52, 71, 88/89, 116; 18/19; Antonino Bartuccio 12.2, 33, 80, 131; Cassaro Claudi 10.1; Antonino Bartuccio/SIME 14/15; Lubenow 43, 120; Cellai Stefano 45; Ripani Massimo 51.1; Manfred Bortoli 113; Giorgio Filippini 114 – **Fotolia:** Laure F 87.2 – **Getty Images:** 118; Gonzalo Azumendi 25; AWL Images RM 30/31 – **Glow Images:** 84 – **Imago:** 7.1 – **Jahreszeiten Verlag/Gregor Lengler:** 8 – **laif:** Jose Giribas/SZ Photo 26; Boisvieux/hemis.fr 29; Christophe Boisvieux 58; John Miller/robertharding 3; Dorothea Schmid 95; Markus Kirchgessner 111 – **Look-foto:** age fotostock 12.1, 13.1; S. Lubenow 69.3, 78/79 – **mauritius images:** Marco Simoni 5.1; Rene Mattes 51.2; CuboImages/Riccardo Lombardo 55; CuboImages/Michele Bella 67; imageBROKER/Martin Moxter 69.1; Westend61/Martin Moxter 75; Melvyn Longhurst/Alamy 82; EmmePi Images/Alamy 128 – **picture alliance:** Udo Bernhart 62 – **Seasons Agency:** Jalag/Stefano, Scatà 12.3 – **Shutterstock.com:** Rudi-Ernst 4; Olga Chechurina 7.2; Sofia Kozlova 9; Gandolfo Cannatella 10.2; luigi nifosi 13.2; Andreas Zerndl 23; mRGB 39; bepsy 46; lebasi0601 56/57; Martin M303 72; andras_csontos 90; T. W. van Ur 94 – **stock.adobe.com:** Serenity-H 4/5; vcarollo 5.2; Vlada Z 17; Mi.Ti. 40; Petra Nowack/peno 47; 2016 Marcus Facciola 61; maudanros 76; Alessandro Rizzo 81; Marzia Giacobbe 95; andras_csontos 100, 132; XtravaganT 103; gurgenb 108; Alan James 144

Postfach 86 03 66, 81630 München

Markenlizenz der ADAC Medien und Reise GmbH, München

ISBN 978-3-95689-901-0
1. Auflage 2024

Autorin: Nicoletta De Rossi
Redaktion: Juliane Helf,
Susanne Kronester-Ritter
Lektorat: Katja Tegler, Berlin
Satz: Mediendesign Anne Tegler, Berlin
Bildredaktion: Dr. Nafsika Mylona
Reihengestaltung: Eva Stadler, München;
Independent Medien Design, Horst Moser, München
Kartografie: Huber Kartographie GmbH, www.kartographie.de, Kunth Verlag GmbH & Co. KG, München
Herstellung: Felix Robitsch
Druck und Bindung: Drukarnia Dimograf Sp z o.o. (Polen)

Ein Unternehmen der
GANSKE VERLAGSGRUPPE

Wichtiger Hinweis
Die Daten und Fakten für dieses Werk wurden mit äußerster Sorgfalt recherchiert und geprüft. Wir weisen jedoch darauf hin, dass diese Angaben häufig Veränderungen unterworfen sind und inhaltliche Fehler oder Auslassungen nicht völlig auszuschließen sind. Für eventuelle Fehler oder Auslassungen können Gräfe und Unzer, die ADAC Medien und Reise GmbH sowie deren Mitarbeiter und die Autoren keinerlei Verpflichtung und Haftung übernehmen. Alle Inhalte im Buch wenden sich an und gelten für alle Geschlechter (w/m/d). Soweit grammatikalisch männliche, weibliche oder neutrale Personenbezeichnungen verwendet werden, dient dies allein der besseren Lesbarkeit.

Ansprechpartner für den Anzeigenverkauf:
KV Kommunalverlag GmbH & Co. KG, MediaCenter München, Tel. 089/928 09 60

Bei Interesse an maßgeschneiderten B2B-Produkten:
b2b-kontakt@graefe-und-unzer.de

Leserservice
GRÄFE UND UNZER Verlag
Grillparzerstraße 12
81675 München
www.graefe-und-unzer.de

Umwelthinweis
Nachhaltigkeit ist uns sehr wichtig. Der Rohstoff Papier ist in der Buchproduktion hierfür von entscheidender Bedeutung. Daher ist dieses Buch auf PEFC-zertifiziertem Papier gedruckt. PEFC garantiert, dass ökologische, soziale und ökonomische Aspekte in der Verarbeitungskette unabhängig überwacht werden und lückenlos nachvollziehbar sind.

Unterwegs auf Sizilien

Fähren nach Messina

Ist man mit dem eigenen Auto, dem Wohnmobil oder Camper Richtung Sizilien unterwegs, nimmt man in den Städten Villa San Giovanni oder Reggio Calabria eine der Autofähren, um die Meeresenge von Messina zu überqueren. Sie verkehren mehrmals am Tag das ganze Jahr über zwischen den beiden Regionen. In den Sommermonaten sollte man vorab buchen, da die Plätze schnell belegt sein können.

■ Details: www.carontetourist.it

Ohne Gepäck durch Palermo

Am Anreise- oder Abreisetag kann man sein Gepäck im Depot am Hauptbahnhof von Palermo lassen und so das verkehrsfreie Zentrum der Hauptstadt Siziliens mit all seinen herausragenden Sehenswürdigkeiten ballastfrei genießen.

■ Details: www.radicalstorage.com

Mobil mit der Seilbahn

In drei Minuten den Strand erreichen, Staus vermeiden und dabei eine Fahrt mit einmaliger Aussicht erleben – die Seilbahn zwischen Taormina und den Stränden von Mazzarò und der Isola Bella macht's möglich.

In Trapani steigt man in die Seilbahn ein und genießt nach zehn Minuten Fahrt von Erice aus den atemberaubenden Blick auf die Stadt und die Ägadischen Inseln, ohne die kurvenreiche Bergstraße befahren zu haben.

■ Details auf Seite 99 (Taormina) und Seite 42 (Funivia Trapani–Erice)

Zum Strand mit dem Fahrrad

Von Menfi nach Porto Palo fährt man auf einem schönen Panoramaradweg, wegen der hohen Temperaturen am besten aber nicht im Hochsommer oder zur Mittagszeit.

■ Details auf Seite 54 (Menfi)